朝日新書
Asahi Shinsho 632

# 山本直純と小澤征爾

柴田克彦



朝日新聞出版

# 序

大ヴァイオリニスト、アイザック・スターンが、山田耕筰《やまだこうさく》の「からたちの花」を奏でている。オーケストラを指揮するのは小澤征爾《おざわせいじ》。横では編曲者の山本直純《やまもとなおずみ》がピアノを弾いている。時は1974年6月11日、場所は埼玉会館。テレビ番組「オーケストラがやって来た」の1シーンである。

歴史的名手アイザック・スターンは当時53歳で、アメリカを拠点に活躍する世界最高クラスのヴァイオリニストだった。小澤征爾は38歳で、前年にアメリカの名門・ボストン交響楽団の音楽監督に就任したばかりのヒーロー的な指揮者。山本直純は41歳。テレビCMの「大きいことはいいことだ」のフレーズでブレイクした指揮者&作曲家だ。そしてバックを務める新日本フィルハーモニー交響楽団は、山本直純と小澤征爾の尽力で創設後、3年目を迎えていた。

ここに、様々な要素が集約されている。山本直純（以下「直純」）と小澤征爾（以下「小澤」）は、共にティーンエージャーだった頃、齋藤秀雄《さいとうひでお》指揮教室で出会い、当初は直純が小澤に指揮を教えた。以来交友関係を保った二人は、やがて新日本フィルの創設に関与。その存続とも関連して、大衆に知られた直純を看板とする「オーケストラがやって来た」が始まった。世界に進出していた小澤は帰国のたびに出演するのみならず、知遇を得た世界的アーティストを番組に引き込んだ。

そこで、今思えば奇跡のようなシーンが数多く生まれた。直純が編曲した日本の歌をスターンが演奏し、小澤が指揮し、直純がピアノを弾く。このコラボも、直純と小澤の厚い友情なくして実現し得なかったと言っていい。

齋藤秀雄指揮教室から同時期にスタートした直純と小澤。その在り方は対照的だった。直純は、指揮者、作曲家であり、テレビ・タレントでもあった。

指揮者・直純は、1967年～71年夏の「ウィット・コンサート・シリーズ」で評判を呼び、72年には小澤征爾と共に新日本フィルの設立に参画して、指揮者団の幹事を務めるほか、様々なオーケストラを指揮してポピュラリティ豊かなコンサートを多数行った。79

年と80年にはボストン・ポップスを指揮。83年〜98年には大阪城ホールにおける「一万人の第九コンサート」で音楽監督&指揮者を務めた。

作曲家・直純は、シリアスなクラシック作品も少なからず生み出し、74年には国連デー・コンサートのために委嘱された「天・地・人」の「人」を作曲。同曲は、ニューヨークの国連会議場のほかヨーロッパ各地で演奏された。そして何より映画「男はつらいよ」の作曲者だ。あのテーマ曲は万人の耳に焼き付いているだろう。NHK大河ドラマ「武田信玄」などテレビ番組での実績も凄い。何しろ「8時だョ! 全員集合」も「3時のあなた」も「ミュージックフェア」も、直純がテーマ音楽を書いている。愛唱歌「一年生になったら」も然り。もしかすると直純は、20世紀の日本人が(知らず知らずの内に)その作品を最も多く聞いていた作曲家なのかもしれない。加えて「迷混」「宿命」などクラシック名曲のパロディ物も彼ならでは。こうした試みは、膨大な知識と卓越した音楽性なくして不可能だ。

赤いタキシードに口ひげと黒縁メガネの愛すべきキャラクターでテレビにも数多く出演。68年からは森永エールチョコレートのCM「大きいことはいいことだ」の作曲&出演で強烈な印象を与え、70年代半ばから始まった日本船舶振興会のCMでは、纏《まとい》を振る姿を皆の目に焼き付けた。72年～83年のテレビ番組「オーケストラがやって来た」の音楽監督と司会も、タレント性と音楽力の幸せな融合といえるだろう。

これほどの業績がある直純は、果たして正当に評価されているだろうか?

特にクラシック音楽界においては、タレント性や飛び跳ねて指揮するショウマンシップが仇《あだ》となって不当な扱いを受けてきたように思えてならない。

彼は、真の天才音楽家だった。しかも現在、クラシック・コンサートに多くの人の足を向けさせた最大の功労者の一人だ。ここでその点を今一度見直し、〝音楽家・山本直純〟の再評価を促すのが、本書の趣旨の一つである。

いっぽう小澤は、指揮者一筋で絶大な名声を得た。

1959年フランスに渡り、ブザンソン国際指揮者コンクール優勝をきっかけに飛躍する。当時の指揮界の両雄カラヤン、バーンスタイン双方の薫陶を受け、65年トロント交響楽団の音楽監督、70年サンフランシスコ交響楽団の音楽監督に就任。73年からはアメリカ屈指の名門・ボストン交響楽団の音楽監督に就任し、02年まで同国では異例の長期体制を築いた。この間、世界の二強、ベルリン・フィルハーモニー管弦楽団とウィーン・フィルハーモニー管弦楽団を定期的に指揮し、パリ・オペラ座、ミラノ・スカラ座など世界のトップ歌劇場にも客演した。

国内では、日本フィルハーモニー交響楽団の首席指揮者兼ミュージカル・アドヴァイザーを経て、直純と共に新日本フィルハーモニー交響楽団の創設に寄与。同楽団の重要ポストを長く務めた。さらに恩師・齋藤秀雄にちなんだサイトウ・キネン・オーケストラを組織し、世界的な存在へと導いた。

2002年には、日本人として初めてウィーン・フィルのニューイヤー・コンサートを指揮。ライヴCDがクラシックの枠を超えた大ベストセラーを記録した。さらにこの年、ウィーン国立歌劇場の音楽監督に就任し、音楽の都の頂点を極めた。

小澤は、世界の第一線で西洋人と同格の評価と地位を得た、日本人唯一の指揮者だ。実績はずば抜けている。その彼が「自分よりも才能は上。まったくかなわない」と言ってはばからないのが、ほかならぬ山本直純である。

「直純は音楽を大衆化し、小澤は大衆を音楽化した」

これは「オーケストラがやって来た」のプロデューサー・萩元晴彦《はぎもとはるひこ》の言葉である。まさに言い得て妙。確かに二人の在り方は違う。だが才能ある同業者同士に真の友情は成り立つのだろうか？　ましてベルリン・フィルを巡るフルトヴェングラーとカラヤンにチェリビダッケをまじえた確執をはじめ、ドロドロした争いの絶えぬ指揮者の世界である。直純は世界に羽ばたく小澤のことを、心の中ではどう思っていたのだろうか？　その友情の真意と背景に光を当てるのが二つ目の趣旨だ。

関係者の話を聞く中で浮かび上がるのは、世間一般のイメージとは真逆ともいえる両者の人物像である。そして二人の間には、互いへのリスペクトと友情のみが存在したという稀有《けう》の事実だ。

それは1959年、23歳の小澤がヨーロッパに渡るときに直純がかけた言葉に象徴されている。

「音楽のピラミッドがあるとしたら、オレはその底辺を広げる仕事をするから、お前はヨーロッパへ行って頂点を目指せ。征爾が日本に帰ってきたら、お前のためのオーケストラをちゃんと用意しておくから」

# 山本直純と小澤征爾　目次

# 第一章　齋藤秀雄指揮教室（1932〜1958）

山本直純は、音楽家になるべくして生まれた。

満州事変の翌1932年(昭和7年)12月14日、日本橋の白木屋百貨店(後の東急百貨店)で火災が発生した。和服の裾を気にした女子店員が、飛び降りることができずに数多く犠牲となったことで有名なあの火災である。

白木屋近くの病院にいたのが、まさに直純を産まんとしていた母浪江《なみえ》だった。しかし火災の火で赤く染まる空を見て母の出産は止まってしまった。

おかげで直純が生まれたのは2日後の12月16日。奇《く》しくも生涯の音楽的伴侶となるベートーヴェンの誕生日だった。しかも父の山本直忠《なおただ》は作曲家で指揮者、母の浪江はピアニスト。音楽家になるべくして……の状況は揃っていた。

家系は華麗と言っていい。曽祖父の山本直成《なおしげ》は、明治の元勲・岩倉具視《いわくらともみ》に側近として仕え、銀行の頭取にもなった。祖父の山本直良《なおよし》は実業家で、祖母の愛は作家・有島武郎《ありしまたけお》の妹。

祖父・直良は、軽井沢に持つ27万坪の土地に三笠ホテルを建て、軽井沢から草津まで鉄道を敷いて三笠駅を作り、側に別荘を設けた。自宅は麴町区(現・千代田区)の大邸宅。中野区の野方にも2万坪の別荘を持っていた。まるでユダヤ人の大銀行家だったドイツ・ロマン派の作曲家メンデルスゾーン家さながらだ。

その富豪・直良の三男が、直純の父・直忠である。彼は、兄が弾くオルガンに魅せられて音楽家を志すようになった。そこで環境が物を言う。ピアノを学んだ直忠は、麴町の自宅近くに住む日本最高峰の指揮者・近衛秀麿《このえひでまろ》に和声や対位法、作曲や指揮法を学び、著名な作曲家で指揮者の山田耕筰にも短期間師事した。そして山田耕筰の紹介状を持ってドイツに渡り、ライプツィヒ国立音楽院の作曲理論科に入学した。そこで学んでいた三人の日本人の内の一人が齋藤秀雄。後に直純と小澤征爾の生涯を左右する人物である。

留学を終えて帰国後、直忠は東京高等音楽専門学校（現・国立音楽大学）の教師となり、同校でピアノを学んでいた西宮市出身の大橋浪江と出会った。浪江は卒業演奏会でベートーヴェンのピアノ協奏曲を弾き、直忠がオーケストラの指揮をした。二人はそうした縁で結婚。やがて生まれた長男に、山本家の男子がつける「直」と、母の父・大橋純一郎の「純」を合わせて「直純」の名を与えた。

小澤征爾は、音楽家になるべくしては生まれなかった。

直純誕生の3年後の1935年（昭和10年）9月1日、彼は満州国の奉天（現・中華人民共和国の瀋陽）に生まれた。父の小澤開作《かいさく》は、山梨県の貧しい農家の出。東京に出て苦学の末に歯医者となった。ただ、稼ぐためにヴァイオリンを弾いたりもしていたし、まわりから「歌がすごく上手い、声がいいし、節回しがいい」と言われていたというから、背景に音楽が皆無ではなかったようだ。開作は23歳のときに満州へ渡り、長春で歯科医を開業。その地で征爾の母となる若松さくらと結婚した。

小澤の大成の鍵となったのは、仙台出身の母さくらの方である。彼女の母方の祖父・大《おお》津《つ》義《ぎ》一郎《いちろう》の妹・久の孫が、ほかならぬ齋藤秀雄だった。後に小澤は、このつてで齋藤に弟子入りする。

開作は31年の満州事変をきっかけに、本業をさし置いて政治活動に没頭した。アジア民族の一体化が理念だった。そして政治団体「満州国協和会」の創立委員として奉天に移り住み、そこで生まれた三男に、尊敬し且つ知遇を得ていた陸軍大将・板垣征四郎《いたがきせいしろう》から「征」、関東軍参謀・石原莞爾《いしはらかんじ》から「爾」をとって「征爾」と名付けた。

直純の父・直忠は、新交響楽団（現・NHK交響楽団）等の指揮をし、1934年には日本音楽コンクール作曲部門の最初の優勝者にもなった。そして直純が3歳の頃、当時珍しい子供のオーケストラを作り、帝国ホテルで演奏した。その時ヴァイオリンを弾いた子供の中に、東京藝術大学で直純の指揮の師となった渡邉《わたなべ》暁雄《あけお》がいた。縁とは不思議なものであり、さらに言えば、晩年の直純が子供たちによるジュニア・フィルに力を注いだことに、血を感じさせもする。

36年、直純は自由学園で音楽の基礎教育を受け始めた。12月生まれの彼はまだ3歳だったが、同校の早期音楽教育のクラスに週2回通い、絶対音感を体得した。当時共に学んだ仲間には、やがて大作曲家となる林《はやし》　光《ひかる》と三善《みよし》晃《あきら》、齋藤秀雄指揮教室で盟友となる久山《くやま》恵《けい》子《こ》がいた。この名を見ると、直純の周囲が常に煌《きら》めいていたことを痛感せざるを得ない。

さらにこの頃、卒業式の演奏で初めて指揮をした。

39年、自由学園小学部に入学。直純は引き続き音楽教育を受けた。プロテスタントに基づいた教育を行う学校ゆえにキリスト教も学び、賛美歌でピアノを弾いた。さらにはヴァイオリンをこれまた大教師である鷲見《すみ》三郎《さぶろう》に師事した。

後に、ホルン奏者及び事務方として直純、小澤双方と密接に交わった松原《まつばら》千代繁《ちよしげ》は、この頃の直純の日記を見て驚嘆している。

「小学校低学年の頃の日記に、『今日はベートーヴェンの第1交響曲の出だしの和音を、山田和男（一雄）先生のところに行って勉強してきました』と書いてあるのを読んで仰天しました。ベートーヴェンの1番の最初の和音は、音楽理論的に特別な音。そんな小さい時からそれを勉強していたというのは、ちょっと痛ましいとさえ思いました」

直純は、それほど優秀な子供だった。

時代は戦争への道を突き進んでいた。41年12月8日、自由学園では、全校生徒300人でベートーヴェンの「第九」を演奏した。指揮をしたのは、かねてより同校でも教えていた父・直忠だった。奇しくも太平洋戦争開戦の日。時代を思えば相当リスキーな行為だが、そこはそんな学校だった。

こうした中で、43年に直純は、四手連弾曲「小ロンド」を作曲している。11歳の年（実際はまだ10歳であろう）に書かれたこの曲は、現在聴き得る最初の作品。まさにモーツァルトばりの佳品で、すでに才能の片鱗がうかがえる。

しかし戦火は激しさを増す。音楽など不要に近くなり、父・直忠の仕事も軍隊の慰問くらいしかなくなった。44年、母・浪江が脳炎のため35歳の若さで死去。直純は直後に栃木県の自由学園西那須野疎開学級に移った。

東京に残る父・直忠は、当時五人の子供を抱えていた。もはや音楽の仕事などなく、食料すらない。そこで直純の疎開先の近くの農家を借りて、不慣れな野良仕事を開始。学校が休みの日には直純も手伝った。
45年、直純は小学校を卒業し、式もなくそのまま疎開先で自由学園中学部に進んだ。そして8月15日、戦争が終わった。

1936年、小澤一家は、父・開作が新たな政治団体「新民会」を作るのに合わせて奉天から北京に移った。翌年、弟の幹雄《みきお》誕生。後にエッセイストとなりメディアでも活躍する彼が、ヨーロッパで武者修行中の小澤の手紙をまとめていたことで、その時期の行動を綴った『ボクの音楽武者修行』が生まれることになる。

家には、二人の兄もいた。クリスチャンだった母さくらは子供たちを教会に連れて行き、皆はその教会や家で賛美歌を歌った。40年、小澤5歳のクリスマス。母がアコーディオンを買ってきた。7歳上の兄・克己《かつみ》はその演奏を身に付け、一家の合唱の伴奏をするようになった。

このアコーディオンが、小澤にとって音楽との出会いとなった。音楽家の両親を持ち、3歳から本格的な音楽教育を受けた直純とは、そもそもスタートが違った。

時は日中戦争のさなか。ところが父・開作は、理念なく中国人を蔑視する政治家や軍人を厳しく批判し、40年には、言論雑誌「華北評論」を創刊した。「この戦争は負ける。民衆を敵に回して勝てるはずがない」と主張する彼は、軍部に目を付けられ、「華北評論」はたびたび発禁処分を受けた。日中戦争の泥沼化を見てとった開作は、家族を日本に帰すことにした。

41年5月、父を除く一家は、神戸を経て東京に着いた。持ち出した数少ない荷物の中に、小澤が初めて触れた楽器アコーディオンもあった。

住まいは立川市。42年、小澤は地元の小学校に入った。

43年、北京に残って「華北評論」の刊行を続けていた父・開作も、軍部から追放されるように帰国。軍需省の顧問をしながら満州時代の仲間と対中和平工作に手を染めたが、失敗に終わった。

45年8月、終戦。子供らに「これからは好きなことをやれ」と言った父・開作だが、数日後突然「これからは野球だ」と言い出し、近所の子供たちを集めてチームを作った。父が監督で、小澤はピッチャー。戦後のスタートもまだ音楽ではなかった。

直純は終戦後、東京の自由学園に戻り、男子部の寮に入った。一方、父・直忠は群馬県の高崎市に移り、高崎市民オーケストラ（現・群馬交響楽団）の土台作りに従事した。後にそのオーケストラを、若き小澤が指揮することになる。

当時の自由学園は、生徒全員が音楽教育を受け、何らかの楽器を学んだ。直純は、そこで早くも指揮をし、編曲も行っている。

やがて父・直忠も自由学園に戻り、男子部と小学部で音楽を教えた。その女子部で音楽を教えていたのが、齋藤秀雄である。齋藤は、自由学園にオーケストラを作り、指揮も教えた。それはやがて齋藤秀雄指揮教室となった。指揮の指導は、週1回日曜日に行われ、一度に二〜三人が学んだ。

父に言われて教室に行った直純は、当初自信満々だった。子供の頃からオーケストラを指揮していたのだ。習う必要性すら感じていなかった。

ところが、いきなり「タタキをやれ」と言われて途方にくれた。「タタキ」とは、空中の一点を打つこと。その点に向かって加速し、点に達すると減速し、速力がなくなるとまた加速して点を打つ、そうした動きである。直純はいくらやっても「点が見えない」と怒られた。これが1ヶ月も2ヶ月も続き、やっと簡単な曲を振らせてもらえたかと思えば、それにまた2ヶ月もかける。さらに今度は「平均運動」をやらされる。これは三角形などの簡単な図形を等速で描く動きだ。

齋藤の指揮教室は、A、B、Cの3つのグレードに分けられていたが、直純はこうした訓練の末、1年ほどでAクラスに上がった。

小澤は戦時中、兄にアコーディオンを教わっていた。だがそれに物足りなさを感じた彼は、ある日小学校の講堂で担任教師・青木キヨがピアノを弾いているのを、じっと見つめていた。すると青木は、小澤を隣に座らせ、ピアノに触らせた。小澤がピアノに初めて触れたのは、小学校4年生（10歳）のこの時。直純と比べるまでもなく、遅いスタートだった。

最初の教則本「バイエル」は、旧制府立二中（現・都立立川高校）で音楽の先生にピアノを習い始めていた兄の克己に教わった。だが家にピアノはない。小澤は、兄に連れられて府立二中に行き、そこで練習した。

克己と下の兄・俊夫《としお》が「征爾にもっと本格的にピアノをやらせたい」と話すのを聞いた父・開作は、方々のつてをあたり、叔父の妻の実家にあるアップライトピアノを譲ってもらう話をまとめた。値段は3000円。代金は、北京で買った愛用のカメラ、ライカを売って工面した。

ところがピアノは横浜にある。立川まで運ぶ手段が問題だった。そこで兄たちが、横浜までリヤカーを引いて行き、それにピアノを積んで、見ず知らずの農家や親戚の家などに預けながら、自宅まで3日かけて運んだ。途中で心配した父もかけつけてきた。小澤の音楽への道には、こうした大変な苦労があった。

小澤は食べる時と寝る時以外はピアノを弾いた。ピアニストになるつもりだった。

5年生の秋には、学芸会でベートーヴェンの「エリーゼのために」を演奏。これが人前で聞かせた初めての音楽だった。

父・開作は、当初歯医者に戻らず、商売を始めては失敗。小澤が小学6年生になると、ミシン製造の会社を始めるために、一家は神奈川県の小田原近くの金田村に移った。そこは農村だったが、母さくらは、「農家を継ぐ生徒が多い地元の公立校よりも都内の私立校に」と考え、小澤を成城学園中学に進ませた。

1948年、中学生になった小澤は、ピアノを豊増昇《とよますのぼる》に師事することになった。豊増はドイツ帰りの高名なピアニストである。いきなり最高グレードにアップしたわけだ。これは、豊増の兄が、小澤の父・開作と新民会時代の仲間だったことで実現した、いわば僥倖《ぎょうこう》だった。

兄弟弟子には、遥か先に「左手のピアニスト」となる舘野泉《たてのいずみ》がいた。舘野たちはショパンやリストを弾いているのに、小澤はなぜかバッハばかり弾かされ、暗譜もさせられた。しかしこれは結果的に、指揮者としての基礎形成に役立つことになる。またこの頃、同学年の仲間とバッハのブランデンブルク協奏曲第5番を練習し、アンサンブルの喜びも知った。

小澤家は裕福ではなく、父のミシン会社も失敗。成城学園の学費も豊増への月謝も滞納しがちになった。母さくらは、毛糸を編んでネクタイを作る内職で家計を支えた。そうした事情を知った豊増は、途中から月謝を受け取らず、無料で小澤を教えた。

ところが中学で小澤は、ラグビーにも熱中した。泥まみれでピアノのレッスンに行くこともあった。そこで母は、「指を大切にしなければ」とラグビーを禁止したが、小澤は隠れて続け、遂に試合で両手の人差し指を骨折。ピアニストへの道に暗雲が立ち込めた。

そこで豊増は、「指揮者はどうか」と勧めた。偉大な音楽家ゆえに、適性を感じていたのだろうか？　何より、もし小澤がラグビーをやらず、ピアノだけを究《きわ》めていたら、〝世界のオザワ〟は誕生していなかったかもしれない。そこに運命の不思議を感じる。

小澤は、成城学園中学で賛美歌を歌うグループ（現在も「城の音」の名で活動している）を結成し、指揮をしてはいた。「旧賛美歌95番『わが心はあまつかみを……』を征爾の指揮でくる日もくる日も歌った」と、後に入学した弟・幹雄は述懐している。だが、指揮への関心はまだ薄かった。

49年12月、小澤は、日比谷公会堂における日本交響楽団（現・NHK交響楽団）の演奏会で、ロシア出身のピアニスト、レオニード・クロイツァーが、ベートーヴェンのピアノ協奏曲第5番「皇帝」を、ピアノを弾きながら指揮するのを聴いた。ゾクゾクするような感動に襲われた彼は、この時初めて指揮に強い魅力を感じる。

するとと母さくらが、「親戚に指揮者がいるよ」と教えてくれた。母の大叔母の孫・齋藤秀雄である。

小澤は、母の書いた手紙を持って麴町の齋藤宅を訪れ、弟子入りを志願した。

1902年東京に生まれた齋藤秀雄は、16歳からチェロを学び、22年ドイツに留学。ライプツィヒ音楽院で、ユリウス・クレンゲルに師事した。この時、同校で学んでいた日本人の一人が、直純の父・直忠である。なお、チェリストで名教師のクレンゲルは、チェロ・アンサンブルの大定番曲となった「讃歌」の作曲者でもある。

27年に帰国し、新交響楽団（後の日本交響楽団、現・NHK交響楽団）の首席チェロ奏者に就任。28年には指揮者としてもデビューした。30年、今度はベルリンに留学し、大チェリストのエマヌエル・フォイヤーマンに師事。帰国後再び新交響楽団の奏者に戻った彼は、36年、同楽団が招いた指揮者ヨーゼフ・ローゼンシュトックの音楽観や指導方法に大きな刺激を受け、これが後の「齋藤メソード」「齋藤理論」と呼ばれる教育方法へと繋がる。

41年、新交響楽団を退団し、指揮者として独立。松竹交響楽団や東京交響楽団の首席指揮者を務めた。

終戦後の48年、井口基成、伊藤武雄、吉田秀和らと「子供のための音楽教室」を開設。これが今に至る桐朋学園の音楽教育の基盤となった。さらに52年に桐朋女子高等学校に、共学の音楽科を開設した。小澤はその一期生である。

61年から72年には桐朋学園大学の教授を務め、多数のプロ奏者を育成。74年に癌のため亡くなった。

没後、小澤らの声かけで、齋藤の教え子たちを主体としたサイトウ・キネン・オーケストラ、さらにはサイトウ・キネン・フェスティバル松本が創設され、その偉大さが改めてクローズアップされるのだが、これはまだ先の話だ。

齋藤の大きな業績である『指揮法教程』は、56年に音楽之友社から出版されて、多大な影響を及ぼし、小澤らの尽力で英語版も出されている。このメソードは、叩き、しゃくい、先入、平均運動など、科学的な方法によって指揮の基本テクニックを身に付けさせるもの。これによって的確かつ明瞭な指揮を行うことが可能になる。

齋藤の父親は、日本初の和英辞典をはじめ、英和辞典や教科書を編纂・執筆した英語学者・齋藤秀三郎《ひでさぶろう》。直純は、齋藤の指揮法のシステムを「親から受け継いだDNAによるものだろう。膨大な言葉を整理、分類する能力と、先生の前人未到の指揮法のシステム作りは相通ずるものがある」と述べている。

何しろ、大巨匠フルトヴェングラーの指揮は、音の出だしが不明瞭で、困った団員が「どこで出ればいいのか？」と尋ねると、「手の震えが止まった時」と答えたなどという逸話があった時代である。系統的な指揮法を確立したのは、まさに画期的だった。

このシステムが、日本で盛んなアマチュアの吹奏楽や合唱の指導者に、適切な指揮法をマスターさせたことは疑う余地がない。また日本人指揮者が西洋のオーケストラを振る際に、かような技術的裏付けが説得力をもたらしたのも確かだろう。実際、齋藤門下からは、直純や小澤のみならず、秋山和慶《あきやまかずよし》、飯守泰次郎《いいもりたいじろう》、尾高忠明《おたかただあき》、井上道義《いのうえみちよし》など名だたる指揮者が輩出している。

だが、東京藝大時代に直純に誘われて齋藤秀雄の教室に通い、1年ほどで離れながら、後に日本を代表する指揮者の一人となった岩城宏之《いわきひろゆき》は、若干違う見方をしている。

「この理論を実践すれば、生まれつき指揮者としての才能を全く持っていない人でも、一応の指揮ができるようになる、というスゴさがある。だから小澤征爾、山本直純、秋山和慶、尾高忠明、井上道義等も、生まれつきの才能ゆえに『齋藤理論』の究極の産物であるし、だから逆に、『齋藤理論』の産物ではないともいえる」

ともあれ、直純も小澤も齋藤に学んだことで、的確な指揮法を身に付けたのは間違いない。世界随一とさえいわれた小澤のバトン・テクニックは誰しも認めるところだが、動きが大きく派手な直純はどうだったのだろうか？

小澤は、後にこう話している。

「彼のあの大振りの指揮は、一見派手に見えるけど、実はオーソドックス。基本はぼくと同じ齋藤メソードなんです。あの大振りを直純さん以外の人がやってごらんなさい。ただのラジオ体操になってしまう。楽員にポイントをわかりやすく伝えるのが指揮だとしたら、彼の才能はものすごかった」

直純の指揮に触れた松原千代繁も、そのテクニックに感嘆している。

「直純さんは、齋藤メソードでいえば完璧ですよ。あの人はよく飛び上がって指揮していましたが、着地した時にオーケストラがちゃんと止まるには、棒がよほどしっかりしていないといけない。ある点を的確に叩いていないと、オーケストラは止まらないんです。それが傍目《はため》にはふざけているように見える。彼は不幸なことにずーっとそういうイメージがあって、どれくらい凄い人かというのは、ほとんど理解されていない」


中学3年の小澤が齋藤のもとを訪れた時、齋藤は桐朋女子高等学校に音楽科を併設する準備に忙殺されていた。そこで「来年音楽科ができるので、それを待って入るよう」話し、指揮については「今、手いっぱいで教えられないから、しばらくは山本直純という人に教えてもらいなさい」と言った。齋藤の指揮教室は、Aクラスの生徒がB、Cクラスの生徒の下練習を受け持っていたから、その関係もあってのことだろうか。

何はともあれ、それが直純と小澤の出会いとなった。

小澤はひとまず成城学園の高校に進学。直純は、週に一度くらいのペースで小澤の家に行き、1年間指揮を教えた。そのやり方はこうだった。

直純が「今日はこの曲をやろう」と言って、まずは二人でピアノを弾いて、互いに指揮をする。すると直純が「おまえの問題点はここだな」とすぐに見抜いて、そこを重点的に練習する。大事なことしか教えないから、レッスン時間は短い。小澤の母がお茶を出しに行ったら、もうレッスンが終わっていたということもあった。

小澤いわく「あのときの直純は、まさに才気煥発《かんぱつ》という言葉がぴったりだった」

〝世界のオザワ〟に最初に指揮を教えたのは、齋藤秀雄ではなく山本直純だったのだ。

齋藤のレッスンは、直純が自由学園の高校から東京藝術大学へ、小澤が桐朋女子高等学校音楽科から桐朋学園短期大学に進学し、学業が一区切りつくまで続いた。

小澤が桐朋学園に入って、齋藤の正式な弟子になった当初、弟子が直純と二人しかいない時期があった。

「そうしたら、齋藤先生は僕たち二人にどっぷり浸かって教えてくれたんです。運がよかったですね。僕はどっぷり直純さんに教わり、齋藤先生に教わった」。小澤はそう語っている。

齋藤のレッスンは厳しかった。自宅でのレッスンの時には、1分遅れても1分早くても入れてもらえない。直純はとうとう逃げ出して、サボったことがある。当時は、直純と小澤の他に秋山和慶がいて、三人一組でレッスンが行われていた。秋山も、後にヴァンクーヴァー交響楽団や東京交響楽団の音楽監督を務めることになる名指揮者で、やはりバトン・テクニックには定評がある。

レッスンは、二人がピアノの連弾でオーケストラの部分を弾き、一人が指揮をするという形だった。それゆえ直純がサボると成立しない。仕方がないので秋山が直純を迎えに行って、嫌がる彼を齋藤のもとに引っ張って行った。すると齋藤は、ニヤっと笑って開けてくれた。直純は「悪魔の笑いのように見えて、すくみ上がった」という。

ある時、電車の中で直純と小澤たちが、踊るような格好で指揮の練習をしていた。大声でシンフォニーの一節を歌うので、まわりの大人たちは驚き、しまいには「いい加減にしろ！」と怒鳴り出す。直純たちは「これはシャクイという指揮法なんです」と言うが、大人たちはただ唖然とするばかり。

やがて直純がピアノのアルバイトなどで忙しくなると、課題をやってこないこともあった。そんな時は、齋藤の家に向かう都電の中で、二人が「おまえここ弾け、おれはここ弾く」と鉛筆で楽譜に印をつける。これはとっくに終えていないといけない作業だ。そんな姿勢で臨んで、潔癖な齋藤が許すはずがない。

女性の弟子だった久山恵子と三人一組のレッスンの際に、直純と小澤が連弾したが、明らかに練習不足で、弾けない部分を口三味線で「ラララ〜」などと歌ってごまかしていた。すると齋藤は「バカにするな！」と激昂し、譜面台を張り倒した。直純と小澤はあまりの剣幕に恐れをなし、庭から裸足のまま飛び出して近くの公衆トイレの陰に隠れた。すると齋藤の妻・秀子が、二人の靴を持って追いかけてきてくれた。

こうした出来事が、直純と小澤の友情を深めたことは想像に難くない。

直純は、齋藤に関して、著書『紅いタキシード』でこう語っている。

「ボクは叱られたときのことをよく覚えていて、誉められたことなどほとんどなかった。先生が何も言わずうなずかれた時は却ってビクッとしたものだ。――アラーよかったんだな、これは――先生の『じゃあ次やってみよう』の一言に天にも昇る気持だった。先生の一挙手一投足に心は引きずり廻されっぱなしだった。でも先生のＯＫが出ると、なにか大きなハードルを越えて、ステップを一つ上ったような気持になったものだ」

だが、小澤いわく、齋藤は直純に一目置いていた。

「齋藤先生が直純のレッスンの時に、彼の楽譜を見ながら指導していました。レッスン後、『この楽譜の書き込み、僕も勉強になった。ありがとう』と真剣に直純に礼を言っていたのです。そのくらい、齋藤先生が直純をすごく認めているということはみんなよくわかっていた。一番音楽的な信用があり、そして先生から音楽の才能に対する尊敬を受けていました」(『考える人』2014年11月号)

あれは、直純と小澤の交わりを象徴するテレビ番組「オーケストラがやって来た」でのことだったろうか。直純が「齋藤秀雄は」と言ったのを、即座に小澤が「いや、齋藤秀雄〝先生〟」と言いとがめたシーンが、妙に印象に残っている。

深い意味はなかったかもしれない。しかしながら、二人の在り方の違いにどこか繋がるものを感じる。

齋藤さえも一目置く〝天才〟直純と、齋藤を終生仰ぎ見た〝努力の人〟小澤。

「もちろん小澤さんも天才なのですが、彼の天才の領域がどこにあるかといえば、限りなく努力ができる、勉強することができるという才能だと思う。直純さんは、あらゆるものができてしまう天才。ピアノは弾けるし、作曲はできるし、オーケストラの指揮はできるし、指揮すれば誰よりもきれいな棒を振る。最初に楽譜をパッと見たときに全部わかってしまうし、全部アナリーゼ（楽曲分析）できる。小澤さんはそこまではいかない。だから勉強、勉強、また勉強。楽譜を本当によく読んで、その裏側にある作曲者の意図や意思に迫ろうとする」と話すのは松原千代繁だ。

後に直純と交わるシンガー・ソングライターのさだまさしも、その才能に感服している。

「1970年代当時に、世界中の指揮者の中でベートーヴェンの1番から9番までの交響曲のスコアが全部頭に入っている人は、直純さん以外に何人いただろうか。この話は軽く聞かれてしまうんだけど、スコアが全部入っているってことは、まっさらな五線紙を渡すと、1番から9番まで全部書けるってこと。その凄さはやっぱりとてつもないと思う」

何より当の小澤が、こう言っている。

「僕はいつも彼の陰にいました。でも対抗心なんて全くなかった。彼の方が圧倒的に上だったんです」

この直純への畏敬の念は、終生続くことになる。

時計の針を戻そう。

1951年、直純は高校を卒業し、東京藝術大学を受験した。

ところが、あれほど優秀だった彼は、落ちてしまう。コールユーブンゲン、平たく言えば基本的な歌のテストで失敗したのだ。原因は、遅い変声期だった上に、食事の直後は声が出ないことを知らず、試験の直前に弁当を食べてしまったことにあった。もっと高いレベルの音楽教育を受けていた直純は、試験を完全に舐めていた。彼の名は受験生の間でも知られていて、落ちたこと自体がニュースになった。

父・直忠は、浪人生となった直純を、自分の弟子の渡辺浦人《わたなべうらと》に預けた。交響組曲「野人」で知られ、映画音楽も多数残した著名作曲家である。

直純は、当時小学校の教師をしながら作曲活動を行っていた渡辺のもとに通い、作曲やオーケストラの練習の手伝いをした。パチンコの歌を、こうした音楽が苦手だった渡辺の代わりに書いたこともあったし、録音の指揮もした。だが若い直純は楽員にバカにされた。彼は高校時代、齋藤秀雄から東京フィルハーモニー交響楽団を振らせてもらった際、技術だけでは指揮できないことを痛感していたが、またしてもそうだった。

とはいえ浪人時代のこうした実務経験は、長い目でみれば逆にプラスになったともいえるだろう。

52年、今度は当然合格し、東京藝術大学作曲科に入学した。齋藤秀雄からも誘われたが、彼の教える桐朋学園短期大学は55年、4年制の桐朋学園大学は61年の開設。直純はさすがにそこまで待つことはできず、藝大に進んだ。

藝大では、池内友次郎《いけのうちともじろう》に師事した。池内は、俳人・高浜虚子《たかはまきょし》の次男で、パリ音楽院に入学した初の日本人。ソプラノと管弦楽のための「熊野《ゆや》」やピアノのためのソナチネなどの作品を残し、教師としてはフランス式の和声法や対位法を取り入れた先駆者だった。

直純は、後に「池内先生に習ったことは、作曲家として仕事をするのに、とても役立った。先生の基礎教育を受けたことは、本当に良かったと思っている」と感謝している。

しかし真面目に勉強したのは、池内のもとでのみ。あとは音声学や音響学など〝音〟が付いた講義にしか興味がなかった。直純はすでにセミプロとして活動し、放送局やスタジオや映画の撮影所に出入りしていたからだ。

この52年には、重要な出会いが二つあった。藝大での盟友・岩城宏之と、後に妻となる岡本正美《おかもとまさみ》である。

岩城宏之は、直純と同じ1932年生まれ。NHK交響楽団の正指揮者、メルボルン交響楽団の首席指揮者、札幌交響楽団、東京混声合唱団の音楽監督を歴任したほか、欧米の楽団にも多数客演し、88年オーケストラ・アンサンブル金沢の設立の立役者・音楽監督として画期的な業績をあげた名指揮者である。

こうしてみると直純は、小澤およびそのライバル的存在とみなされていた岩城の双方と深い交友関係をもった稀有の人物だった。これは、19世紀中〜後半の西欧音楽界を二分した両巨頭（というより周囲から巨頭にまつりあげられた）ブラームス、ワーグナーの双方と交友関係を結んだウィンナ・ワルツやポルカ＝大衆音楽のスター、ヨハン・シュトラウス二世を彷彿《ほうふつ》させる。

ちなみに、小澤、岩城と共に三羽烏と目され、やはり世界的に活躍した指揮者・若杉弘《わかすぎひろし》も、小澤と同じ35年生まれ。思えばこの時期、国際的に活躍し、日本の音楽界を牽引した指揮者が相次いで産声をあげていた。

さて、直純と年齢は同じ岩城だが、浪人した直純より1年早く藝大の打楽器科に入学していた。

藝大時代の直純と岩城との交友については、岩城の著書『森のうた』に詳しい。

そこでは、直純との出会い、共に副科でとった渡邉暁雄の指揮クラスでの交友から、藝大内に非正規の学生オーケストラ「学響」を作って、当時大人気だったショスタコーヴィチの「森の歌」を上演するまでの約2年間の出来事が、恋や悪行（?）を絡めながら、生き生きと描かれている。

直純は藝大前半期のことを多く語っていないので、ここは岩城の力を借りよう。

岩城は、作曲科の女子学生から直純を紹介された。その出会いの場面をこう記している。

「無礼にも威勢よく『イヨーッ』というのが、こいつの『はじめまして』のつもりらしかった。どうしてこんな土建屋みたいなのが芸術大学に入ってきたのだろうと、不思議な感じだった」

いきなり「イヨーッ」は、いかにも直純らしいが、以来二人は仲良くなった。渡邉の家にも出入りし、好き勝手に振る舞う二人に、渡邉は終始温かく接した。

しかし彼らの指揮はあくまで「副科」。指揮科の学生と違って、実際にオーケストラを振る機会はほとんどない。そこで自分たちが指揮するために「学響」を作り、奏者を募った。ところが有志の楽団ゆえに練習場所を当てがわれたのは朝7時から。二人でフル・オーケストラ分の譜面台や椅子を並べたものの、最初の参加者はゼロ、2度目が一人という有様だった。ようやく土曜の午後1時から3時に行うことが可能となり、しかも参加者を「盛り蕎麦2杯進呈」で釣ると急に85人も集まり、二人を含めた174杯分の出前を注文して大混乱。それやこれやありながら2年間で演奏会を4回行い、「森の歌」の感動的な大団円に至る。指揮は曲ごとに交代し、「森の歌」を振ったのは直純だった。打楽器を受け持っていた岩城は、「得意満面で客席におじぎをするナオズミの背中がとてつもなく大きく視野いっぱいに広がった」と述べている。

手元に1枚のプログラム（コピー）がある。「学友会管弦楽演奏会」と書かれた昭和29年（1954年）7月10日（土）、東京藝大奏楽堂での公演。岩城は「学響」と呼んでいるので、名は違う（途中で変更したのかもしれない）が、まずそのオーケストラであろう。演目は、ベートーヴェンの「エグモント」序曲、ピアノ協奏曲第3番、ドヴォルザークの交響曲「新世界より」。ベートーヴェン2曲は岩城、ドヴォルザークは直純の指揮である。この本格的なプログラム——指揮の技量も問われる——は、彼らがことのほか真摯に取り組んでいたことをうかがわせる。

また『森のうた』の中では、失恋した岩城を、直純がなぜかピノキオの絵本とパジャマ、そしてバラの花束で慰めたシーンも感動を呼ぶ。53年にジャン・マルティノン、54年にへルベルト・フォン・カラヤンと世界的指揮者が続けてNHK交響楽団に客演した際、二人が人目を盗んで会場に潜り込み、警備員やステージ・マネージャーからの逃走劇を繰り広げた逸話も実に面白い。

そしてとりわけ印象的なのは、渡邉の副科に入るテストの時の話だ。

ピアノの前に座った渡邉は、「いま叩く和音の中の、上から三番目の音の、五度下の音を声に出してごらん」と言った。和音どころではなく、指十本の全部を使った目茶苦茶な不協和音だ。すると直純は即座に「アーッ」とダミ声をあげた。岩城は「聞いているぼくにはまったくわからない。どうせデタラメに怒鳴っているのだろう」と思った。だが渡邉が指定した音のキーを叩くと、ダミ声と同じ音だった。多分マグレだと思った渡邉は「もう一度やってみようね」と言って違う不協和音を叩き、「今度は、下から二番目の音の六度上を歌ってごらん」「イーッ」今度も合っていた。

全くできなかった（が合格はした）岩城は、完全に呆れ返った。

「こんなことをできるやつは、日本に何人といないだろう。完全無欠な絶対音感教育の、しかももともと天才的な感覚を持っている人間でなければありえない。テストをする先生自身、絶対にできないに決まっている。これは断言できる」

直純と後の妻・岡本正美との出会いは、二度目の藝大受験の時のこと。直純が彼女に試験会場を訊いたのが最初で、その時の様子を直純は「彼女は、赤いオーバーコートを着、髪の長い女の子……。そうしてみると、ボクも正美のことは印象にはあったのだろう。だけど、まさか将来結婚するとは夢にも思わなかった」と述べている。正美はこの年作曲科に入学した四人の女子の一人だった。

二人が親密になるきっかけは、夏休みに仲間たちと行った槍ヶ岳縦走中に生まれた。日本アルプスの燕岳から槍ヶ岳への縦走。夏山とはいえ大変だ。しかも食物のない時代で、缶詰まで背負って登っていた。直純は正美の荷物を持ったりもした。だが途中で雨が降って2〜3日山小屋から出られず、しかも正美は体調を崩して寝込んでしまった。そこでさらに足止めされたが、どうにかこうにか槍ヶ岳に辿り着いた。

槍ヶ岳の頂上で日の出を拝んだ後、お尻の下にビニールの風呂敷のようなものを敷いて雪渓を滑り降りた。100メートル以上の落差があり、下には急流が流れるクレバスがあった。皆は滑ってその手前で止まっていた。最後になった正美は怯えながら飛び出した。ところが雪渓を真っ逆さまに転げ落ちた。皆が受け止めようとしたがかなわず、結局直純がクレバスの何メートルか手前で体当たりして何とか受け止めた。奇跡的に怪我はなかった。

これを機に二人は付き合い始めた。正美の家に行ったり、音楽会や名曲喫茶、鈴本演芸場に行ったりした。

直純は、藝大入学後もアルバイトに精を出した。もちろん入学前から続くスタジオや映画の仕事だ。

1953年、直純が藝大2年の時に、日本テレビが民放として初めて開局した。直純は準備段階の実験放送からスタッフに加わり、劇伴と呼ばれるドラマ音楽や体操番組の伴奏ピアノを受け持った。体操の伴奏は週1回。これだけで、大卒の初任給が1万数千円の時代に、5、6千円は稼いでいた。

ドラマ以外にも、森繁久彌《もりしげひさや》やエノケンこと榎本健一《えのもとけんいち》が歌う即興に近い歌に、ピアノで臨機応変に伴奏を付けたり、進駐軍のダンスバンドで弾いたりした。金を持っている学生ということで、麻雀や博打の相手をさせられ、カモにされもした。

さらに先まで渡辺浦人のカバン持ちは続き、編曲や作曲の手伝いのほか、レコード録音、放送劇の伴奏、映画音楽の作曲などを受け持った。

1、2晩の徹夜は当たり前。劇伴は数十曲必要な時もあり、ディレクターが「曲想が合わない」と言うと、別の音楽を当てなければならないので、〝引き出し〟が必要だったし、速い曲を遅く演奏する、長調を短調に直すなど、臨機応変な対応も必要となる。

当時映画は黄金期を迎えており、直純は、日活をメインに、東宝、新東宝、大映、松竹で仕事をした。松竹と大映の仕事では、京都の撮影所を往復した。映画では台本を読み、監督の好みに応えることも必要だったし、時間給で雇われたオーケストラの拘束延長も避けなければならなかった。しかも当時のフィルムは2回しか録《と》れない。飛行機の音はもちろん、コオロギが鳴いてもアウト。監督のイメージに合わないと、次の日までに別のオーケストラ曲を書かなければならなかった。直純は物凄いプレッシャーの中で、それらをこなしていた。

売れてくると5、6ヶ所のスタジオを掛け持ちした。これに対応した直純も凄いし、とにかく忙しい学生だった。

小澤は、直純の藝大入学と同じ1952年4月、桐朋女子高等学校音楽科に1期生として入学した。

男女共学とはいえ、男子は四人のみ。その中には、後にNHK交響楽団を経て、小澤が率いたサイトウ・キネン・オーケストラや水戸室内管弦楽団の主要メンバーとなるヴァイオリニストの堀伝《ほりただし》もいた。

小澤は、齋藤から桐朋の学生オーケストラの雑用を任され、譜面台や楽器の手配、椅子並べ、パート譜の校正など、あらゆる作業に携わった。譜面台の破損や楽譜の間違いがあれば、齋藤から容赦なく怒鳴られた。

土曜の午後には、「子供のための音楽教室」の生徒たちも参加するオーケストラの練習があった。当時小学生だった参加者の中には、ヴァイオリンの潮田益子《うしおだますこ》、安芸晶子《あきしょうこ》、チェロの堤剛《つつみつよし》ら、後の重要パートナーたちがいた。夏休みには北軽井沢の小学校に寝泊まりして一日中練習する合宿もあった。

小澤の生活もまた忙しかった。そのため十二指腸潰瘍になり、齋藤の親類が院長を務める聖路加病院で治した。当時の主治医の一人が、かの日野原重明《ひのはらしげあき》だった（この病気は短大2年の時とのデータもある）。

高校3年の卒業公演では、桐朋オーケストラを相手にJ・S・バッハの「シャコンヌ」

を指揮した。これは有名なヴァイオリン独奏曲を、齋藤がオーケストラ用に編曲したもので、彼のトレードマークの一つでもある。その十数分の曲を、齋藤は半年かけて教えた。卒業公演には、直純や岩城宏之も聴きに来た。「『感動した』と言ってくれたのが嬉しかった」と小澤は言う。

藝大入学から3年経った1955年、直純は作曲科から指揮科に移った。指揮科には、教師が四人いるのに、学生は後に読売日本交響楽団などで活躍する3年生の三石精一《みついしせいいち》しかいない。それゆえ三石が卒業すると学生が不在となり、4年間廃科になるという危機的状態にあった。そこで教師の渡邉暁雄と山田一雄が直純に声をかけたのだった。

いわば学校側の思惑による転科だったが、二人の熱心な勧めもあり、作曲科の恩師・池内友次郎も快く送り出し、齋藤秀雄の許しも得て、直純は渡邉の正式な弟子になった。渡邉は、藝大の前身である東京音楽学校を卒業後、ヴァイオリニストとしての活動を経て、東京フィルハーモニー交響楽団の指揮者をしていた。妻は当時の総理大臣・鳩山一郎《はとやまいちろう》の末娘。鳩山一族が住む通称「音羽御殿」の一角に暮らし、もともと母がフィンランド人の渡邉は、長身で気品を身にまとっていた。彼はその後、日本フィルハーモニー交響楽団の発展に貢献し、フィンランドの大作曲家シベリウスの交響曲の全集録音という、日本人には稀《まれ》な偉業を達成する。

直純は、渡邉と行動を共にし、アシスタントとしてオーケストラの下稽古を任されたりもした。渡邉の家族とも付き合った。こうした触れ合いの中で、「技術以上の大きなものを与えられた」と直純は言う。

指揮科では学生オーケストラも指揮できた。そこで藝大の芸術祭で、ストラヴィンスキーの「兵士の物語」を演奏した。軽井沢の渡邉の別荘を借りて合宿し、スコアから各自写譜し、ひと月ほど練習して公演を行った。それは、本来予定されていた東京交響楽団に先んじての日本初演となった。

56年、本来ならば作曲科を修了するはずの年。直純と一緒に入学した作曲科の学生は皆卒業した。卒業式の日、直純は卒業する正美に声をかけてデートし、以後も付き合いを続けた。

この年、文化放送が日本フィルハーモニー交響楽団を創設し、渡邉が初代常任指揮者に就任した。これは、直純と小澤の次なる交わりの発端となった。

渡邉は直純に、「私は定期演奏会をやるから、君はポップス・オーケストラをやりなさい」と言った。自身の得手不得手を考えてのことか、教え子の適性を見抜いていたのか、ここで図らずも、渡邉からオーケストラ界における直純の立ち位置が示唆されることになった。

直純は、15人ほどの団員と共に、名曲のアレンジ物を録音した。録音は毎週行われ、編曲と指揮はもちろん直純である。それは「東急ゴールデンコンサート」という公開収録に発展した。

やがて正美が妊娠したことがわかり、57年3月10日、二人は結婚。仲人は渡辺浦人だった。当時の状況からすれば渡邉暁雄に頼むべきだったし、渡邉もそのつもりでいた。しかし、二人が渡邉夫妻の自宅に招かれて、奥様の手料理をふるまわれるという大事な日に、正美の下唇が腫れ上がって紫色の痣《あざ》になってしまい、とても人前には出られないと思った彼女が招きを断った。直純がキスして下唇を吸ったのが原因だというから、何とも恥ずかしい。そうしたいきさつがあったため、渡邉暁雄には仲人を頼み辛かったのだ。

結婚式は、渡辺浦人の妻あかねが、童話作家の傍ら目白で開いていた喫茶店の奥の座敷で行われた。身内だけが集まり、炬燵《こたつ》に入っての素朴な結婚式だった。披露宴は5月に正美の実家のレストランで行い、渡邉暁雄や池内友次郎も出席。友人たちは二次会のダンスパーティーに集まった。

58年2月24日、難産の末に長男・純《じゅん》ノ介《すけ》が生まれた。そして、直純は藝大を卒業した。

1955年、小澤は桐朋学園短期大学に入学した。直純が作曲科から指揮科に転科したまさに同じ年。小澤は、ある意味直純に追いついた。とはいえ、齋藤の厳しいレッスンを受け、学生オーケストラに関わる日々は変わらない。

この年の5月、アメリカから「シンフォニー・オブ・ジ・エア」が来日した。これは、大指揮者アルトゥーロ・トスカニーニが率いて一世を風靡《ふうび》したNBC交響楽団が、トスカニーニの死後も名を変えて自主的に継続していた楽団。記念すべき日本初の外来オーケストラ公演だった。

小澤は、その公開練習に接して衝撃を受けた。曲はブラームスの交響曲第1番。

「日本のオーケストラとは音量も、響きもまるで違う。これが同じオーケストラかと思った」

小澤の目が世界に向いた。

「音楽をやるなら外国へ行って勉強するしかない」

桐朋仲間たちも次々に海外へ留学していった。小澤は、彼らを羽田空港で見送り、齋藤のカバン持ちのような自分にもどかしさを感じた。

57年、桐朋短大を卒業、するはずだった。ところが小澤も母・さくらも卒業式に出席していたのに、名前が呼ばれない。実は、卒業前の大事な時期に病気をしていくつかの試験を受けていなかったため、単位が足りず留年していたのだ。齋藤の要望で留年させられた（「ベートーヴェンの『第九』をまだ教えていないから卒業させられない」と齋藤が主張したともいわれる）との話もあるのだが、誰も教えてくれず、小澤は留年を卒業式で知った。母は泣きながら帰っていった。

大学に残った小澤は、アマチュアの三友合唱団を指揮し、齋藤に言われて群馬交響楽団を指揮した。群馬交響楽団は、直純の父・直忠が創設に尽力したオーケストラである。ここでプロのオーケストラを指揮する貴重な経験を得た。

追試を受けて秋に卒業したものの、齋藤のカバン持ち状態は続いた。小澤は、とにかくヨーロッパに行こうと、フランス政府給費留学生の試験を受けたが、最終審査に二人残った内、フルートの加藤恕彦《かとうひろひこ》だけが合格した。その後、桐朋学園オーケストラがブリュッセルの万国博覧会に出演する話も持ち上がり、小澤も期待していたが、資金不足で取りやめになった。

　何とか留学したい……。直純が結婚し、子供もできて、スタジオを飛び回っていたその頃、小澤は、〝世界〟への離陸を図って、最終手段を講じようとしていた。

# 第二章　大きいことはいいことだ（1959～1970）

齋藤秀雄のもとから巣立った山本直純と小澤征爾が、それぞれの道をひたすら歩む時期が始まった。約12年、共に音楽人生を決定付けた重要期だ。

1958年藝大を卒業した直純は、その後3年間、学生時代と同様のカバン持ち生活が続いた。

しかし59年、時の皇太子（今上天皇）と美智子《みちこ》妃のご成婚式が行われ、これを機にテレビが急激に普及し始めた。時代が直純の活躍を後押ししつつあった。58年、フランキー堺《さかい》主演のTBSドラマ「私は貝になりたい」の音楽、59年には、サッポロビールのCM音楽を担当した。ボニージャックスが歌う「ミュンヘン・サッポロ・ミルウォーキー」のフレーズで印象付けたこの音楽は、作詞も直純。今に記憶を残す彼の最初の仕事となった。

直純は徐々に自らの名前で行う仕事が増えていった。ただし60年頃の段階で名前が出たのは「10本に1本くらい」というから、カバン持ちの度合いがまだ強かった。とはいえ記録を見ると、赤木圭一郎の「拳銃無頼帖シリーズ」（60年）などかなりの数の映画やテレビドラマに名を刻んでいる。

またこの前後に、TBSのプロデューサーの随行でアメリカに行った。直純の初の海外旅行だった。アメリカでは、ロサンゼルスのディズニー・プロダクションなど様々な場所で刺激を受けた。その中で、象徴的とも思える出来事がある。

直純は、自分の作品をテープに入れて、全米三大ネットワークの一つであるCBSの会長のもとへ持参した。紹介状があったとはいえ、日本から来た無名の青年に面会が許されたのは凄いことだ。そこで会長室に通された直純は、15分ほどテープを聴いてもらった。しかし英語はほとんどできない。それでも拙い言葉でベートーヴェンやディズニーやチャップリンの音楽の話をした。するとじっと聞いていた会長が発したのはただひと言、「More English More money」。直純は「帰りはとぼとぼと広い部屋を出ていった」

直純の活躍の場は、やはり日本だった。

小澤の気持ちは、海外へ向かう一方だ。そこで彼は、スクーターでのヨーロッパ一人旅という恐るべき行動に出る。小澤の武者修行時代、後で振り返れば大飛躍時代が始まった。

1958年夏、フランス政府給費留学生の試験に落ち、桐朋学園オーケストラのブリュッセル万博出演も取りやめになって、海外への道が閉ざされかけていたそのとき、きっかけが生まれた。

それは、桐朋学園恒例の北軽井沢での夏合宿の帰りに、軽井沢駅の待合室で、成城学園時代の同級生・水野《みずの》ルミ子にばったり会ったこと。

落ち込んだ顔をしていた小澤から「外国で音楽を勉強したいが、手立ても金もない」と聞かされた水野は、「うちの父に話してみる?」と言った。「うちの父」は、何とフジサンケイグループの土台を築いた大実業家・水野成夫《しげお》だった。

国策パルプの社長や経済同友会幹事として財界で腕をふるっていた水野は、56年文化放送、57年フジテレビジョン、58年産経新聞の社長に就任していた。一方で翻訳家・フランス文学者としての著書もあり、後に将棋の棋聖戦を創設した。プロ野球のサンケイアトムズ(現・東京ヤクルトスワローズ)の経営にも携わった。さらには、辻井喬《つじいたかし》の小説『風の生涯』のモデルになり、「男と生まれたからにはやってみたいものが三つある。それは連合艦隊司令長官、オーケストラの指揮者、そしてプロ野球の監督だ」の名言でも知られている。しかも彼は、56年に文化放送の傍系事業として、日本フィルハーモニー交響楽団を設立していた。日本フィルは先々の直純と小澤にとって重要な存在となるオーケストラだ。

ここにも不思議な〝縁〟があった。

小澤は、ともかくその足で水野の別荘に行った。そこで、初対面ではなかったとはいえ、この大物と初めてまともな話をした。

小澤の話を聞いた水野は「本気なんだな?」と念を押すと、すぐに「四谷の文化放送に行け」と言った。すると重役の友田信が50万円の資金を用意していた。

もう一人、大きな援護者がいた。三井不動産社長の江戸《えど》英雄《ひでお》である。70年に亘《わた》って三井グループの興隆に努めた、またしても超大物だ。彼は桐朋の音楽科の創設にも寄与しており、小澤とは娘の江戸京子《きょうこ》が桐朋の音楽科の同期生(共に一期生)だったがゆえの繋がりがあった。江戸は、歯医者に戻った父・開作が建てた川崎の家から仙川の桐朋学園まで通うのが難儀な小澤を、自宅に寝泊まりさせるなど、何かと気にかけていたし、京子は後に小澤の最初の妻にもなる。

江戸のつてで日興證券会長の遠山元一《とおやまげんいち》からも資金を得た。そして江戸のおかげで、三井船舶の貨物船「淡路山丸」でフランスに渡れることになった。

そこで小澤は、スクーターかオートバイを現地の足にすることを思いついた。自動車会社に片っ端から電話して提供を頼んだが、首尾は良くない。しかしここでも最後に、富士重工業の松尾清秀(小澤の著書『ボクの音楽武者修行』では「松尾清秀氏の奥様のお世話」となっている）が、新型のラビットジュニア125ccを提供してくれた。松尾は、小澤の父・開作の満州時代の新民会の仲間だった。

このヨーロッパ行きに象徴されるように、いや今後さらにそうだが、小澤の人脈は華々しいとしか言いようがない。それは主に、父・開作の満州時代の知己や、（彼自身はそうではなかったとはいえ）名士や裕福な家の子弟が多かった成城学園、桐朋学園時代の仲間のつてだった。

だが、40年来小澤のマネージャー的な立場を続けてきた平佐《ひらさ》素雄《もとお》は、こう語る。

「小澤さんほど人なつっこい人はいない」

世間一般のイメージからは意外ともいえるが、これこそ小澤の最強の武器だったのかもしれない。

59年2月1日、小澤の乗った船は、神戸港からフランスのマルセイユに向けて出航した。神戸に向かう夜行列車には、大勢の仲間が見送りにきた。だが小澤には心残りがあった。ヨーロッパ行きに「まだ早い」と反対していた齋藤秀雄のことだった。小澤は一方的に「行きます」と告げて、逃げ出すように別れていた。

するとホームに齋藤がトボトボと歩いてきて、コートのポケットから分厚い封筒を出して「これ、使えよ」と言った。千ドル近く入っていた。小澤は「何より来てくれたことがありがたかった。おかげでどれだけ気が楽になったかしれない」と述懐する。

出発から61年まで、約2年半の小澤の奮闘ぶりは、62年に出版された自伝的エッセイ『ボクの音楽武者修行』(今読んでも痛快だ)に詳しいので、以下ポイントのみを記す。

乗客一人の貨物船「淡路山丸」は、インド洋からスエズ運河を通り、2ヶ月近くをかけながら、3月23日マルセイユに入港した。

富士重工業は、スクーターを提供するにあたって、三つの条件を出していた。「日本国籍を明示すること」「音楽家であることを示すこと」「絶対に事故を起こさないこと」。そこで小澤は、日の丸付きのスクーターに、持参したギターをかつぎ、白いヘルメットをかぶってまたがるという、いささか珍妙な姿でパリを目指した。

マルセイユからパリまで600キロ以上。安宿に泊まりつつ走り、4月8日ようやくパリに着いた。

疲れと寒さで風邪をひいていた小澤は、ちょうどパリに来ていた吉田秀和を訪ねて〝座薬〟をもらって〝飲んだ〟。それ自体は笑い話だが、ここですぐに訪ねたのが大物音楽評論家の吉田であることに驚かされる。彼は48年、齋藤秀雄らと共に「子供のための音楽教室」を開設し、初代室長を務めていた。この教室は後の桐朋学園音楽部門の母体である。つまり吉田は、齋藤秀雄の盟友だった。

パリには、以前齋藤にチェロを習っていたローラン史朗一家がいた。彼の母が日本人で、小澤が家に行くと日本食を食べさせてもらえた。そこによく来ていたのが、パリ国立高等音楽院に留学中の江戸京子とヴァイオリンの前田郁子。さらに江戸の紹介で洋画家の堂本《どうもと》尚郎《ひさお》と仲良くなり、その仲間の彫刻家イサム・ノグチとも知り合った。

小澤は、大学都市のイギリス館に滞在し、齋藤秀雄が紹介状を送ってくれたレオン・バルザンなる指揮者のレッスンを受け、音楽会に通った。

いま振り返れば、人脈を含めてかなり恵まれた状況ともいえるが、彼はその段階でまだ何も成していない。そこに現れるのが、生涯のターニングポイントとなった「ブザンソン国際指揮者コンクール」である。

コンクールの開催を教えたのは江戸京子だった。パリ音楽院にポスターが貼ってあったという。受けるには大使館の証明が必要だったが、正規の留学生でない小澤は逆に日本大使館では怪しまれて話にならない。そんな窮状を見かねたイギリス館の同室のオーストラリア人ピアニスト、ロジャー・ホルムズがアメリカ大使館を紹介してくれた。

応対した大使館のカッサ・ド・フォルテ女史は、小澤の話を聞くと「おまえはいい指揮者か、悪い指揮者か?」と尋ねた。彼は大声で「自分はいい指揮者だ」と言った。マダム・カッサは大笑いしてコンクールの事務局に掛け合い、結果的に受験できることになった。この流れもまた、縁と運を感じさせる。

ブザンソンは、フランス東部のスイス国境に近い、人口10万クラスの美しい町。作家のヴィクトル・ユーゴー、映画の発明者リュミエール兄弟などが、ここの出身だ。

ブザンソン国際指揮者コンクールは、ブザンソン国際音楽祭の一環として51年に始まり、小澤が受けた59年は9回目の開催だった。48人の参加者の内、日本人は彼一人。二次試験では、わざと間違って演奏された12箇所を全部指摘する（受験者の手元に楽譜はなく、すべて演奏される音だけを頼りに間違いを指摘する）など、実力を発揮して本選に進み、見事優勝した。パリから駆けつけた江戸京子、前田郁子の存在と、彼女たちがフランス語の通訳をしてくれたことも大きかった。

同コンクールは、小澤のおかげで有名になったともいえるし、その後、松尾《まつお》葉子《ようこ》、佐渡《さど》裕《ゆたか》、沼尻《ぬまじり》竜典《りゅうすけ》、曽我《そが》大介《だいすけ》、阪《ばん》哲朗《てつろう》、下野《しもの》竜也《たつや》、山田《やまだ》和樹《かずき》、垣内《かきうち》悠希《ゆうき》と日本人が多く優勝していることでも知られている。齋藤メソードに象徴されるバトン・テクニックが、コンクールで効力を発揮するのも確かだろう。だが、第1回のラインハルト・ペータース、第6回のズデニェク・コシュラー、第8回のマルティン・トゥルノフスキーなど、小澤の前にも世界的指揮者を輩出しており、小澤後もミシェル・プラッソン、ズデニェク・マーカル、ヘスス・ロペス＝コボス、マルク・スーストロ、ヨエル・レヴィ、オスモ・ヴァンスカ等々、後の名匠が多々優勝してもいる。何しろ回数が多い（93年までは毎年、以後は2年に一度開催され、2017年が第55回になる）から、日本人が優勝する可能性も高くなる。ただ、その中にあっても、小澤は同コンクールが生んだ最大の巨匠であるのは間違いない。

優勝時に小澤が思ったのは、「これでまだしばらくヨーロッパに居られる」だった。しかし実際は、キャリア・アップに向けた歯車が急速な勢いで回り始めた。

コンクール後の当音楽祭で、審査員だったシャルル・ミュンシュが指揮するベルリオーズの「幻想交響曲」を聴いて衝撃を受けた小澤は、最後のパーティーで弟子入りを志願した。

ボストン交響楽団の音楽監督を務める巨匠ミュンシュは、「同楽団が毎夏タングルウッドで開いている音楽祭に来るなら教えてもいい」との旨を話した。するとそのやりとりを聞いていたアメリカの放送局、ボイス・オブ・アメリカのヨーロッパ特派員、プティ・へイスケネンが、音楽祭に参加できるよう掛け合ってくれることになった。

ボストン響とタングルウッド……後の小澤の大拠点への最初の扉が開かれた。

60年5月、ベルリンで〝帝王〟ヘルベルト・フォン・カラヤンの弟子を選出するコンテストが行われた。それを教えたのは、ベルリン在住の歌手・田中路子《たなかみちこ》。彼女もまた齋藤秀雄の古くからの知人だった。小澤は約50人受けた中で、四人の合格者に入ることができた。カラヤンとの出会いは、後に小澤がザルツブルク音楽祭、ベルリン、ウィーンなどへデビューする糸口となっただけでなく、交流自体が人生の大きな財産になった。

7月、タングルウッドを目指して、アメリカに初めて渡った。そこで出迎えたのは、半年前にパリで知り合った数学者の広中平祐だった。

タングルウッドは、ボストンから西へ車で2時間半ほど行った、バークシャー山脈にある緑豊かな地。小澤は、37年からここで開かれている夏の音楽祭（当時の名はバークシャー音楽祭）に指揮の学生として参加した。

そして指揮コンクールで1位を獲り、ミュンシュのレッスンを受けられることになった。ただミュンシュに直接教わったのは1度だけだった（「力を抜け、頭も体も手の力も全部抜け」と教わったという）。だが小澤は終生ミュンシュを尊敬し、彼の看板レパートリーであるベルリオーズ、中でも「幻想交響曲」を十八番とした。やはり何か通じるものがあったに違いない。

1位を獲ったことで、毎週木曜日に青少年オーケストラを指揮することが可能になり、音楽祭中に5回の公演を指揮した。折しも小澤の噂を聞きつけたアメリカ随一の批評家ハロルド・ショーンバーグが、ニューヨークからやって来て、その演奏をニューヨーク・タイムズで激賞。音楽祭の最後には、ボストン響ゆかりの指揮者の名を冠したクーセヴィツキー大賞も受賞した。

これが新たな展開を呼んだ。賞の推薦者だったクーセヴィツキー未亡人やショーンバーグから、ニューヨーク・フィルハーモニックの音楽監督レナード・バーンスタインの副指揮者になることを勧められたのだ。

そこで小澤はニューヨークに行き、バーンスタインを訪ねた。だが彼は不在で、秘書のヘレン・コーツから「秋にベルリンにいるから訪ねるよう」に言われた。

同年10月、ベルリンでカラヤンのレッスンが始まり、小澤はパリから通った。レッスンはプロのオーケストラを使い、しかも受講料はなし。カラヤンは、技術については何も言わず、「音楽のディレクション、つまり方向性を大事にしていた」という。

当時パリには、小澤にヨーロッパ行きの糸口を与えた水野ルミ子が住んでいて、夕食に招かれた際には、高名な評論家の小林秀雄《こばやしひでお》と同席した。小林もまた、戦時中の北京で小澤の父・開作と知り合っていた。

さらには、毎日新聞パリ支局長の紹介で、『あすなろ物語』『氷壁』『天平の甍』などを著していた著名作家の井上靖《いのうえやすし》と出会った。彼はローマ・オリンピックの取材の帰途、パリに立ち寄っていた。まだ仕事がほとんどなく、かつて指揮した群馬交響楽団から誘われていた小澤は、日本に帰ろうと思っていた。そう話す小澤に初対面の井上はこう言った。

「とんでもない。文学者が外国の人に作品を読んでもらうのは難しい。音楽なら翻訳なしでも外国の人が聴いてくれる。どんなことがあっても、ここにいなさい」

小澤はこの言葉で思い直した。またしてもビッグネームに救われたことになる。

カラヤンのレッスンが続く中、小澤はベルリンでバーンスタインに会った。そこで楽員たちも含めたニューヨーク・フィルの副指揮者になるための面接を受け、冬には採用の通知が届いた。

小澤はレッスンの途上だったカラヤンの反応が心配だったが、彼は「セイジ、お前はおれの弟子だ。経験のためにニューヨークへ行って、終わったらまた来なさい」と温かく送り出した。

61年2月、小澤はカラヤン率いる世界最高クラスのオーケストラ、ベルリン・フィルハーモニー管弦楽団を初めて指揮した。演目は、日本の現代曲とモーツァルトの交響曲第28番。同公演は、ベルリン音楽大学ホールで行われた日独修好100周年記念行事の一環で、小澤の出演はベルリン在住の歌手・田中路子の尽力で実現した。しかし当然カラヤンの配慮もあったであろう。

4月、小澤はニューヨーク・フィルの副指揮者となった。期間は1年半、報酬は週給100ドルだった。小澤はいつでも代役ができるよう、バーンスタインが指揮するすべての曲目を勉強した。他に副指揮者は二人いたが、バーンスタインは特に小澤を可愛がり、アンコールを指揮させたりもした。ちなみにこの時期の様子は、村上春樹のインタビュー本『小澤征爾さんと、音楽について話をする』に、詳しく触れられている。

小澤が日本に〝凱旋〟する時が来た。

副指揮者になって間もない61年4月、ニューヨーク・フィルが日本公演を行い、小澤も同行することになったのだ。上野に完成した東京文化会館の柿落《こけら》としの一環だったが、なんとも絶妙なタイミング……。しかもバーンスタインは黛敏郎《まゆずみとしろう》の「饗宴」の指揮を、リハーサルからニューヨークでのアメリカ初演、そして日本公演に至るまで小澤に託した。61年4月24日、ニューヨーク・フィル一行は日本航空の特別機で羽田に到着した。皆は小澤を一番に降ろしてくれた。父母兄弟、齋藤秀雄や昔の仲間たちが出迎えていた。神戸で貨物船に乗って以来2年2ヶ月余、小澤の感慨はいかばかりであっただろうか。

バーンスタインは以後も小澤に目をかけた。小澤は、楽壇の帝王と呼ばれたカラヤン、「ウエストサイド物語」など作曲家としても名高い才人バーンスタインという20世紀後半の指揮界の二大巨匠の温かい薫陶を、両者の生涯に亘って受けたほとんど唯一の存在となった。これは、才能もさることながら、先に触れた小澤の人柄あってのことに違いない。小澤にとってこの2年間は、〝世界のオザワ〟の足がかりを築いた怒濤の時期だった。

一方、この頃の直純に関する記述は多くない。

著書『紅いタキシード』にも、「次男の祐ノ介《ゆうのすけ》が生まれた1963年（昭和38年）までの2年間は、早朝に日本テレビで体操のピアノを弾き、またドラマの劇伴に、映画の音楽にとネズミ花火のように目まぐるしくかけずり廻った」とのみ記され、朝日放送のヒット番組「てなもんや三度笠」で主役の岡持役だった藤田まことに、本物の岡持だと思って気軽に声をかけた逸話や、62年に、堀江謙一《ほりえけんいち》青年が太平洋をヨットで横断したことなどに触れているくらいである。

ただ62年から、小尾旭《おびあきら》を代表とするミリオンコンサート協会が、直純のマネージメントを請け負うようになった。「男はつらいよ」「オーケストラがやって来た」などは、「オズ・ミュージック」という直純自身の会社で管理しており、小尾は指揮者・直純のマネージメントを担当。以後40年付き合うことになる（ちなみに2017年現在、小尾は87歳で現役だ）。つまり形の上では、この頃カバン持ちから独立した音楽家に移行したともいえる。

そうした中、直純は62年に「合唱組曲『田園・わが愛』」を作曲した。HBC（北海道放送）のプロデューサーの依頼で書かれた作品で、作詞を寺山修司《てらやましゅうじ》が受け持った。これは直純が自作の中でも特に気に入っており、著書『ボクの名曲案内』の中でも、モーツァルトやベートーヴェンなどの名作と共に取り上げ、かなり長く触れている。そこで直純は、「自分でいうのもおこがましいが、駄作ばかりで数だけは多いボクの作品の中でも、この曲はひときわ出来のよいほうで、またみなさんが、『あんな顔でよくあのメロディーが書ける』というほどロマンの香り高き作品なのだ」と語り、重ねて「ボクの一世一代のロマンチックで清廉な、いま聞いても涙の出るほど美しい――とわれながら感心する名曲」と自賛している。

松原千代繁も、この曲を賞賛する一人だ。

「これはもう素晴らしい。直純さんの作品の中でも本当に傑作だと思います。直純さんの言葉に対する感性は並外れていたような気がしますね」

いま聴いても瑞々《みずみず》しく感動的なこの曲は、同年の芸術祭で2位に入選し、その後もアマチュア合唱団を中心に歌い継がれている。

63年から直純のアシスタントを務めたのが、後にNHK連続テレビ小説「おしん」のテーマ曲や西田敏行《にしだとしゆき》の「もしもピアノが弾けたなら」などで名をなす坂田晃一《さかたこういち》だった。

彼によると、直純は「(63年出会った当時)すでに超売れっ子」で、毎日劇伴などの曲を書き、それをすぐに写譜屋がパート譜にし、直後に録音していた。そうしたテレビドラマなどを「週に4~5本抱え、そのほかにコマーシャルソングや、映画や演劇の仕事があり、一方『和楽器と管弦楽のためのカプリチオ』などの大作も作られていた」

「和楽器と管弦楽のためのカプリチオ」は、63年、渡邉暁雄率いる日本フィルハーモニー交響楽団の委嘱によって作曲され、6月27日に渡邉指揮する第67回定期演奏会で初演された。

これは日本フィルが58年から始めた委嘱新作の企画「日本フィル・シリーズ」の第10作にあたる作品。同シリーズでは、第1作の矢代秋雄《やしろあきお》の「交響曲」を皮切りに重要作や名作が続々生まれており、直純の前に委嘱されたのも、間宮芳生《まみやみちお》、三善晃、柴田南雄《しばたみなお》、武満徹《たけみつとおる》、黛敏郎といった正統的な（後の）大作曲家ばかり。当時の直純は、まだ〝カバン持ち上がり〟にすぎず、ましてやクラシック作品での実績はないに等しい。それゆえ当然この委嘱は、藝大時代の恩師・渡邉の配慮であり、彼が直純の才能を評価していたことの証《あかし》でもあろう。

この曲は、２０１２年７月、下野竜也指揮する日本フィルの第６４２回定期で、約半世紀ぶりに再演され、ライヴ録音のＣＤ化もなされている。曲は、全5楽章、30分強の大作。箏、三味線、尺八、邦楽打楽器、竜笛に、ドラムス、ギター、ラテン・パーカッション等を用いて日本の四季が描かれた、和洋折衷かつシリアスとエンタテイメントが同居した音楽だ。当時の直純が会得していたクラシックと映画や放送の音楽が、様々な形で詰め込まれたような曲だが、ともかく面白い。

後に作曲家となった長男・純ノ介も、こう語る。

「とにかく色々な音楽的要素が入っているんです。曲の中には、後の劇伴の旋律や即興的な作曲法のエキス、独自の管弦楽法など、直純さん（いま彼は、父親を時折りこう呼ぶ）のエスプリが込められています。でも初演のときには、ほとんど理解されなかったらしい。アカデミズムの感覚からいえば、ちょっと眉をひそめるようなところもあったのでしょう。現在なら『〝西洋と東洋音楽の融合〟といったコンセプトが興味深い』と言われるかもしれませんが、前衛音楽の爛熟《らんじゅく》期で無調が全盛だった63年当時は評価されなかったと思います」

これをスタート台に、彼が本腰を入れてオーケストラ作品の創作を極めていたら、想像を超える名作が生まれていたかもしれない。しかし、クラシック作曲界の王道とは違った形で人気者になった後の直純に、そうした曲が委嘱されることは、ほとんどなかった。

小澤が日本のオーケストラの定期演奏会にデビューしたのも日本フィルハーモニー交響楽団だった。奇しくもというべきか、あるいは何らかの力が働いたのか？　いずれにせよ日本フィルは、ヨーロッパ行きの足がかりを作ってくれた水野成夫が設立したオーケストラである。

小澤は、1961年6月22日、日比谷公会堂で行われた同楽団の第34回定期で、チャイコフスキーの交響曲第5番やフランス物を指揮した。

ただ小尾旭は、「ミリオンコンサート協会が、小澤の帰国後の日本デビュー・コンサートをマネージメントした」と語っている。記録によると、それは5月27日に日比谷公会堂で行われ、オーケストラはやはり日本フィル、演目は、モーツァルトの交響曲第41番「ジュピター」、江戸京子がソロを務めたサン＝サーンスのピアノ協奏曲第5番、ドビュッシーの「夜想曲」より、プロコフィエフの「ロメオとジュリエット」より。この公演が、定期演奏会に先駆けた小澤の本格的な日本デビューだった。

「当時の記憶は薄い」と語る小尾だが、直純の所属事務所が小澤の本格的な日本デビュー公演をマネージメントしたのは、直純を通した日本フィルとの付き合いが加勢したのだろうか。

とはいえ小澤と日本フィルとの関係は、57年12月の定期演奏会のラヴェル「子供と魔法」の練習指揮に始まり、58年にはラジオ番組「東急ゴールデンコンサート」で共演している。「子供と魔法」は、遥か先の2016年、サイトウ・キネン・オーケストラを指揮した録音で、小澤が初のグラミー賞を受賞することになる演目。日本フィルの練習指揮はその端緒だった。

だがこの後、小澤には大きな試練が待っていた。

「N響事件」だ。

6月に日本フィルを指揮した小澤は、7月に放送用の録音で初めてNHK交響楽団を指揮し、それが縁で、62年6月から半年間の指揮契約を結んだ。

62年1月、一度アメリカに戻った小澤は、ハチャトゥリアンの代役でサンフランシスコ交響楽団の定期演奏会に登場。ベルリオーズの「幻想交響曲」などを指揮して大成功を収め、地元紙は「STAR IS BORN」の見出しを掲げた。サンフランシスコ響は、8年後に音楽監督に就任するオーケストラであり、ここにひとつの布石が置かれた。

そして同じく1月、小澤はこれまで大きな支えになってきた江戸京子と結婚した。仲人は井上靖夫妻だった。

その後に起きた「N響事件」に関しては、多くのことが報じられてきたので、大筋のみ触れよう。

同年6月からの半年間、小澤はN響で、放送録音や東南アジア演奏旅行を含めて30公演指揮した。7月には、メシアンの「トゥランガリラ交響曲」を、作曲者立ち会いのもとで日本初演し、大成功を収めてもいる。

だが次第に楽員との対立が表面化。楽員から「生意気だ」「態度が悪い」など感情的な反発が生まれ、11月の定期演奏会の後、N響の演奏委員会が「今後小澤氏の指揮する演奏会や録音には、一切協力しない」と表明した。小澤は、NHKの会長宛に演奏活動の継続を保証してもらうための「覚書」を送ったが、受け入れられず、遂に12月の定期公演とベートーヴェン「第九」公演が中止となった。しかし定期公演の当日、小澤は一人、無人の東京文化会館の指揮台に立ち、その姿が大きく報道された。

小澤は自著『おわらない音楽』で、東南アジア演奏旅行中のミスなどいくつかの出来事を挙げ、「僕には全然経験が足りなかった。ブラームスもチャイコフスキーも交響曲を指揮するのは初めて。必死に勉強したけど、練習でぎこちないこともあっただろう。オーケストラには気の毒だった」と語っている。とはいえ「精神的にめちゃくちゃにやられた。泣いたし悔しかった」

だが世間は見捨てていない。翌63年1月、日比谷公会堂で「小澤征爾の音楽を聴く会」が開催された。演奏は日本フィル、演目はチャイコフスキーの交響曲第5番など。

この時の発起人の顔ぶれが凄い。秋山邦春《あきやまくにはる》、浅利慶太《あさりけいた》、石原慎太郎《いしはらしんたろう》、一柳慧《いちやなぎとし》、井上靖、大江健三郎《おおえけんざぶろう》、梶山季之《かじやまとしゆき》、曽野綾子《そのあやこ》、高橋義孝《たかはしよしたか》、武満徹、谷川俊太郎《たにかわしゅんたろう》、團伊玖磨《だんいくま》、中島健蔵《なかじまけんぞう》、黛敏郎、三島由紀夫《みしまゆきお》……いま振り返れば唖然とするほどのビッグネーム揃いだ。

三島由紀夫はこのコンサートの模様を、「小澤氏を迎える拍手は、一つの巨大な心臓が脈打つかのよう」で、終演後の反応は「国民的喝采であった」と伝えている。

この豪華な顔ぶれに関連して、日生劇場がオープンする際に、劇場のトップが若い才能を集めて何か面白いことをやろうと考え、そのときに集まったのが、石原慎太郎、浅利慶太、三島由紀夫、黛敏郎と小澤だったとの話がある。三島の台本で、黛が作曲したオペラを、浅利が演出し、小澤が指揮する構想があったともいわれており、もし実現していれば、大変な話題になったであろう。

小澤は特に浅利慶太と以後も深い親交を保った。平佐素雄はこう話す。

「（開会式のプロデューサーだった）浅利さんに頼まれて長野オリンピックの指揮などもしました。僕らが見てると、浅利さんは小澤さんを上手に使ってるなといった部分もなくはなかったけど、小澤さんはそんなことなど関係なく、友情を大事にする。やはりスケールが大きい人なんです」

日生劇場は63年10月に開館しているので、彼らとの親交とN響事件の前後関係は微妙だが、こうした交流があったのは確かだ。

結局、吉田秀和や黛敏郎らの仲介で、N響とは和解が成立した。しかし彼は再びアメリカへ旅立った。もう日本に戻るつもりはなかった。

当時小澤は27歳。N響の起用もある意味慧眼《けいがん》だったといえるが、小澤がこれにしがみつき、そのまま日本にいたら人生は大きく変わっていただろう。全ては必然。この事件が結果的に〝世界のオザワ〟への道程を決定付けた。

アメリカに戻った小澤は、大物マネージャー、ロナルド・ウィルフォード（コロンビア・アーティスツ）と契約したが、すぐに仕事が舞い込むはずはなかった。

ところが63年8月、アメリカ5大オーケストラの一つ、シカゴ交響楽団が出演する「ラヴィニア音楽祭」で、ジョルジュ・プレートルの代役を急遽《きゅうきょ》務めることになった。2回のコンサートを成功裏に終えた後、同音楽祭の会長アール・ラドキンは言った。

「君にこの音楽祭をあげよう」

世界の音楽シーンにおける小澤の快進撃の始まりだった。

1964年、東京オリンピックの年。時は本格的なテレビの時代に入り、直純もまた快進撃を始めた。

まずは、1月から始まったＴＢＳのドラマ「七人の孫」の音楽を担当した。主題歌「人生讃歌」（作詞：森繁久彌）は、森繁久彌が歌う堂々たる音楽。この番組では、以前から共に仕事をしていた森繁との仲が深まった。

8月には、フジテレビ系列で「ミュージックフェア」が始まり、直純はオープニングテーマを作曲した。「今夜は、夢の、ラララミュージックフェア〜」（作詞：保富康午《ほとみこうご》）と歌われるあの曲。同番組は、２０１７年現在まだ放映されており、日本でレギュラー放送された全ての週間番組の中で最長寿を誇っている。直純の書いたテーマ曲は、編曲や歌い手を代えながら今も使われているから、番組の長さともども驚きだ。

東京オリンピックでは、女子体操チームのピアニストを務めた。そのときのことを、直純自身こう記している。

「合宿や練習で日夜をともにした池田敬子《いけだけいこ》さんや、小野清子《おのきよこ》さんとは、まさにチーム・メイトといった間柄で、ボクの作曲した床運動のための〝さくら変奏曲〟で、彼女たちが銅メダルを獲得し、（中略）堂々『日の丸』を掲げたときは、本当に嬉しかった。小野清子さんがボクに抱きついてキッスをしてくれたのが、テレビで大写しにされ、役者やタレントでないボクがこんな役を演じ、恥ずかしかった。テレビでキスシーンを演じたのは、あとにも先にもあの一瞬《とき》だけだ。みんなに『役得だ！』と冷やかされたが、迫真の体操演技とともに、あの感激のシーンはコンサートの指揮や演奏では味わえぬ、貴重な体験であった」

さらにこうも書いている。

「女子選手団の人たちの気分転換にと、彼女たちを日生劇場に招待すると、練習の連続と、世紀の本番へのプレッシャーでくたびれ果てていた彼女たちが涙を流して喜び、すっかり蘇生して、帰りのバスの中で『リンデンバウム』の大合唱となった。こんなところにも『音楽』の効果があるということをボクはあらためて知ったが、『音楽』を通して、国家や民族のお役に立てるということは、本当に嬉しいことである」

「リンデンバウム」とは、直純が作曲した「リンデンバウムの唄」。この年日生劇場にて、梓《あずさ》みちよ、北大路欣也《きたおおじきんや》の主演で大ヒットしたミュージカル「若きハイデルベルヒ」の主題歌である。彼の初期の代表的名曲で、「リン デン バウムの」となぞるように歌われるメロディー（作詞：岩谷時子）を思い浮かべる方も多いだろう。

もう一つ、合唱組曲「えんそく」もこの年の作である。これはＮＨＫの委嘱で作曲された児童合唱組曲の草分けであり、ＮＨＫの東京放送児童合唱団によってラジオで初演された。遠足の一日を描いた情感豊かなこの名作（作詞：阪田寛夫）は、２００６年に再演されて再評価がなされている。

なお、ＮＨＫの東京放送児童合唱団は、67年にイギリスのＢＢＣが主催する世界アマチュア合唱コンクール（テープ審査）で第2位を獲得したが、その指揮を担当したのも直純だった。

65年、父・直忠が亡くなった。まだ60歳だった。50年に受洗してカトリック教徒となり、晩年は愛知の南山大学の教授を務めながら、宗教音楽の創作と研究に勤《いそ》しんでいた。

またこの年には、松竹映画「雪国」（監督：大庭秀雄。主演：岩下志麻、木村功ほか）の音楽を担当した。それまでも数々の作品に携わっていたが、著名な文芸物としては最初期の作品の一つである。

66年には、ＮＥＴテレビ（現・テレビ朝日）の連続ドラマ「氷点」の主題歌を作曲した。三浦綾子《みうらあやこ》原作によるこの物語は、たびたび映像化されているが、これは最初のもの。主題歌（作詞：佐伯孝夫）は、柏木由紀子《かしわぎゆきこ》&和田弘《わだひろし》とマヒナスターズが歌っている。

さらには、ある年齢以上の人には懐かしいテレビ番組「マグマ大使」の主題歌も作曲した。手塚治虫《てづかおさむ》原作によるフジテレビの特撮ドラマで、主題歌は「アースが生んだ～」という出だし（作詞：長谷川竜生）が印象的な行進曲調の颯爽《さっそう》とした音楽。ちなみに直純は、大の手塚ファンだったという。

この年には、おなじみの「一年生になったら」も生まれている。「いちねんせいになったら、ともだちひゃくにんできるかな～」（作詞：まど・みちお）と歌われるあの曲。以後歌い継がれて今なおポピュラーなこの歌は、直純の童謡の代表曲である。

なお、直純は「こぶたぬきつねこ」（これは作詞も直純）、「おーい海！」「歌のメリーゴーランド」「歌えバンバン」「夕日が背中を押してくる」「やきいもグーチーパー」など、童謡や愛唱歌も数多く作曲しており、この分野でもかなりの実績を残している。

67年も重要事項が続いた。まずNHKテレビで音楽バラエティ「音楽の花ひらく」が始まり、直純は中村八大《なかむらはちだい》と共に音楽監督を務めた。脚本・構成が永六輔《えいろくすけ》、アレンジャーが小野崎孝輔《おのざきこうすけ》、南安雄《みなみやすお》、服部克久《はっとりかつひさ》、司会が三橋達也《みはしたつや》、アシスタントが佐良直美《さがらなおみ》という錚々《そうそう》たるメンバーで、オーケストラは東京ロイヤル・ポップス（日本フィルのメンバーによる）。毎回豪華なゲストを迎えて公開収録されたが、僅か8ヶ月で打ち切りになった。この番組が直純にとって重要なのは、彼のトレードマークとなる紅いタキシードの衣装デビューとなったことだ。

「いいのができましたよ。ちょっと衣装部屋へきてください」と言われた直純が部屋に行くと、何とそこにはボディ台に着せられた、紅いタキシードがあった。直純は「これ着るの？　チンドン屋じゃあるまいし！」と思った。しかも念入りにも黒い蝶ネクタイと同色のポケットチーフまで揃っていた。これを着てテレビの音楽番組に指揮者として登場したのが、〝タレント〟山本直純の初お目見得となった。

紅いタキシードは、この後の森永エールチョコレートのCMとリンクして、直純のイメージを決定付けることになった。

67年には、日本フィルで「ウィット・コンサート・シリーズ」を始めた。同コンサートは、イギリスのパロディ音楽の祭典「ホフナング音楽祭」に触発されて始まった企画。71年までの毎夏、東京文化会館で行われ、2300席の会場が毎回超満員（小尾によると「立ち見も300から500人」！）となるほどの人気を集めた。

この公演でインパクトを与えたのが「山本直純〝変曲〟」のパロディ物である。1年目に「交響曲第45番『宿命』」、2年目に「ピアノ狂騒曲『ヘンペラー』」、3年目に「ヴァイオリン狂騒曲『迷混』」が披露され、聴衆を大いに沸かせた。

「宿命」は、ベートーヴェンの交響曲のパロディ。「第45番」は、彼の交響曲9曲の数字を1から9まで足した数（1＋2＋3＋……＋9＝45）を意味している。曲はまさしく9曲の交響曲全てとベートーヴェンの多数の序曲が登場するほか、第6番「田園」に「春の小川」、第7番の終楽章に「フニクリ・フニクラ」が絡むなど、様々な曲が混入。果ては、指揮者の直純が「ベートーヴェンを冒瀆《ぼうとく》した」と怒る輩からピストルで撃たれて倒れ（えらく上手い倒れ方だったとの由）、救急車が来て担架で運ばれた後、元気に復帰……といった演出まであった。

なおこの年には、直純が逝く前年の2001年に亡くなった古今亭志《ここんていし》ん朝《ちょう》の語りによる落語版「ピーターと狼」（原作にないタヌキも出てくる45分の大作）も披露されている。

「ヘンペラー」は、ベートーヴェンのピアノ協奏曲第5番「皇帝（エンペラー）」のもじり。「皇帝」の出だしのソロが、ガーシュウィンの「ラプソディ・イン・ブルー」、シューマンのピアノ協奏曲、ベートーヴェンのヴァイオリン協奏曲に変身し、主部に入ると、リスト、モーツァルト、グリーグ、ラフマニノフ等のピアノ協奏曲、「オー・ソレ・ミオ」「熊蜂の飛行」や、フランス、イギリス、アメリカ国歌その他、膨大な作品が混入する。ピアノ・ソロは、東京藝大教授の伊達純《だてじゅん》。本物の「皇帝」を直純と共演したこともあった彼は、国立大の教授にもかかわらず、自らアイディアを出しながら、直純と一緒に面白がって作っていったという。

「迷混」は、メンデルスゾーンのヴァイオリン協奏曲（通称「メンコン」）に基づくパロディ。ヴァイオリン・ソロを、日本フィルのコンサートマスターであるルイ・グレーラーが務めた。彼は奇しくも、55年に来日して小澤の目を世界に向けさせたアメリカのオーケストラ「シンフォニー・オブ・ジ・エア」のコンサートマスターで、60年に乞われて日本へ移っていた。この曲は38分強というケタ違いの長さ。メンコンを軸に、ブラームス、ベートーヴェン、チャイコフスキー、ドヴォルザーク、モーツァルト等のヴァイオリン協奏曲、「お江戸日本橋」「荒城の月」「木曽節」「天然の美」「だったん人の踊り」「悪魔のトリル」「競馬ファンファーレ」等々……これまた無数の作品が「迷い混んで」くる。

こうしたパロディ物は、膨大な知識、卓越した音楽性、類い稀なセンスなくして不可能だ。かような作品を書いたのは、後にも先にも（ほぼ）直純のみ。これももっと評価されてしかるべき偉業と言っていい。しかも残された録音（17年現在入手可能）によれば、「迷混」「宿命」は30分を超える〝超大作〟。今では絶対に許されないであろう――主催者やオーケストラ側から「もっと短くしろ」と言われること必至――この長さは、当時の日本人の心の余裕を物語っているのかもしれない。

もう一つ、残されたライヴ録音を聴いて驚くのが、聴衆の反応だ。挿入される楽曲に即して、的確ともいえる笑いが起きている。当時の聴衆のレベルも、実は相当なものだった。現代の著名作曲家・吉松隆《よしまつたかし》も、CD発売当時の「音楽の友」誌に感嘆の言葉を寄せている。

「山本直純という人は日本が生んだ最大の『音楽の才能』の一人じゃないだろうか。このCDを聴いているとその作曲、アレンジ&プロデュース能力は半端じゃない事を思い知る」

さだまさしも、これらのパロディ物を評価する一人だ。彼は「『ヘンペラー』が特に優れていると思う」と言った上でこう話す。

「人生もそうだった。直純さんは、人生、パロディだと思っていたんじゃないかな」

1964年6月、小澤はラヴィニア音楽祭の音楽監督に就任した。

最初の年は、指揮するたびに地元紙「シカゴ・トリビューン」から、「なぜこんな指揮者を雇ったのか」「シカゴ響のような偉大なオーケストラがなぜこの指揮者のもとで演奏しなければならないのか」と批判を受けたが、オーケストラは彼に味方し、69年まで毎夏指揮することになる。

64年は、7月に桐朋学園オーケストラのニューヨーク公演も指揮。10月の日本フィルの北米ツアーにも一部同行した。9月から翌年4月までは、作曲に専念するために指揮活動を休んだバーンスタインに代わって、ニューヨーク・フィルの指揮を任された。

そして65年9月、30歳でカナダのトロント交響楽団の音楽監督に就任した。ラヴィニア音楽祭で小澤が指揮する演奏を聴いた同楽団のマネージャーが、起用を決めたのだ。

小澤は、「セイジはニューヨークにいて、良いオーケストラだけを指揮するべきだ」と反対するバーンスタインを、「今の僕にはレパートリーを作ることが必要だ」と言って説得し、当時はさほど有名でなかったトロント響のポストに就任。プログラムや客演指揮者の選定、人事など、音楽監督ならではの仕事を学んだ。

12月には、両親をトロントに招待した。彼らにとっては中国時代以来の海外だった。このときの父・開作にまつわる話がまた凄い。

父は出発前にこう言った。「ベトナム戦争をやめさせねばならん。一番話が通じそうなロバート・ケネディに意見を伝えたい」。ロバートはあのケネディ元大統領の弟で上院議員だ。簡単に事が運ぶはずがない。ところが、小澤の友人の浅利慶太が自民党の中曽《なかそ》根《ね》康《やす》弘《ひろ》を紹介し、中曽根に紹介状を書いてもらった。おかげで実際に会うことができ、ケネディは開作の話をじっくりと聞いてくれたという。

66年3月には、小澤の海外録音のレコードが日本で初めて発売された。曲目はエリック・フリードマンがソロを弾いたチャイコフスキーとメンデルスゾーンのヴァイオリン協奏曲である。オーケストラはロンドン交響楽団（伴奏とはいえ、いきなり世界トップ級だ）だった。録音は65年12月で、実際は5月にコロンビア室内管を指揮したテレマン&ヴィヴァルディのオーボエ協奏曲、6月にシカゴ交響楽団を指揮したバルトークのピアノ協奏曲を録音していた。いずれにせよ、レコードにおける小澤の活躍が始まったのはこの時期で、以後、膨大な録音を行うことになる。

66年は、6月にウィーン交響楽団を指揮して、ウィーン並びに殿堂であるウィーン楽友協会へ、8月にウィーン・フィルハーモニー管弦楽団を指揮して、ザルツブルク音楽祭並びに同楽団へ、9月にベルリン・フィルの定期演奏会へ、それぞれデビューした。まさに飛ぶ鳥を落とす勢いだ。

しかし66年12月、妻・京子と離婚した。小澤が語る原因を要約するとこうなる。

「江戸京子はピアニストで、どちらかが音楽の勉強していると、もう一方は勉強に集中できない。海外にいる時はいつも別居。当初からうまくいかなかった」

ところが、京子の父・江戸英雄は、離婚後も小澤のことを「息子だ」と言って可愛がり、再婚後の小澤に娘の征良《せいら》が生まれると、帰国中のホテルまでやってきて赤ん坊を抱き、「良かった」と言って喜んだ。それればかりか、別れた江戸京子も「赤ちゃんに会いたい」と言い、会わせるとやはり祝福してくれた。そしてその後も友人として良い関係を続けている。

この稀有の関係もまた小澤の人徳だろうか。

67年11月には、ニューヨーク・フィルで、武満徹の「ノヴェンバー・ステップス」を初演した。これは同楽団の創立125周年記念作品。楽団側は当初黛敏郎に委嘱しようとしていたが、前年に琵琶と尺八を用いた武満の「蝕（エクリプス）」を聴いて感動した小澤がその素晴らしさをバーンスタインに話した結果、武満に変更された。

武満は、トロントの小澤の家に、家族三人で三ヶ月位住みながら作曲したという。

「ノヴェンバー・ステップス」も尺八と琵琶を伴う作品。尺八は横山勝也《よこやまかつや》、琵琶は鶴田錦史《つるたきんし》が受け持った。なんとこの演奏にあたり、初演するわけではないトロント響で徹底的に練習した。「普通のオーケストラではありえないこと」と小澤も言うが、トロント響の小澤への信頼と尊敬の念がうかがい知れる。

初演は大成功を収め、以後この曲は武満を象徴する一曲となる。一ヶ月後の12月には、幸いにもトロント響でレコード録音が実現。カップリングされたメシアンの「トゥランガリラ交響曲」ともども、小澤の初期の代表盤となった。

1968年は直純の最重要年と言っていい。

この年、彼に対する世間一般のイメージを決定付ける二つの出来事が起きた。「大きいことはいいことだ」の森永CMと、〝寅さん〟こと「男はつらいよ」である。

この二つ、直純自身の著作を含めてデータが錯綜しているのだが、前者は、森永エールチョコレートが発売された67年に始まり、流行語として完全に認知されたのが68年の模様。後者は、68年から69年にテレビ版が放送され、69年に映画版が始まった。

森永エールチョコレートのCMは、紅いタキシードを着たヒゲの指揮者＝直純が、気球に乗り、地上に集まった群衆に向かって指揮をするという映像。「大きいことはいいことだ、おいしいことはいいことだ、50円とはいいことだ」と歌われる開放的な音楽と、キャラの立った直純のオーバーアクションが相まって、一世を風靡した。

直純が語るこの経緯を要約するとこうなる。

ある日、森永製菓の宣伝部に呼ばれて、「今度50円で特大のチョコレートを売り出す。破格のギャラを出すから、ユニークなCMソングができないか?」との相談を受けた。直純がチョコレートの基本コンセプトを尋ねると「大きいこと」だという。そこでそれをそのまま歌にし、不特定多数の人たちに歌ってもらうことにした。録音自体は数十名の合唱団員が行い、次いでその録音に合わせて団地の窓や階段などあちこちにいる約1300人が、手にチョコレートを持って歌うという映像が撮られた。しかし千人以上が大声で歌うとメチャクチャになってしまい、半日かかっても撮り終えない。直純がやむなく出ていって、大手を振って指揮し、やっと収まりがついた。するとプロデューサーが、直純のカットも撮ろうと言ったので、「よしてよ」と言いながらも、夢中で棒を振った。ところが、その後に空抜きのバックに指揮姿を挟むというアイディアが出され、遂には気球に乗って指揮することになった。撮影は新宿、いま東京都庁がある当時造成中の場所で行われた。ただ衣装の映りが悪い。かくしてNHKの「音楽の花ひらく」で着た紅いタキシードの登場と相なった。このCMは大当たりで、チョコレートも飛ぶように売れた。

プロデューサーだった池口賢吾は、「工事用クレーンでゴンドラをつり上げ、背景の映像と合成しました。終わったら『怖かったぞ』とおっしゃっていた。あれだけのパワーがある方だから商品も売れたんです。みんな元気で希望があった」と語る。

時は高度成長期の真っただ中。これは、慎ましい生活をしていた日本人が、経済成長と共にパワーアップしていく、いわば夢多き上昇時代にジャストフィットしたCMだった。

かくして直純は、子供たちのアイドル、いや国民的有名人になった。

当時10歳だった長男の純ノ介は、こう述懐する。

「私が幼稚園児だった頃、朝の通園は父親を送迎する日本テレビの黒塗りの車でした。毎朝、黒塗りの車が迎えに来るなんて凄いな……それが父親を意識した最初でした。それから父親はだんだん有名になり、『大きいことはいいことだ』のCMのときには、小学生だった私はまわりの皆から『おまえ、チョコレートをいっぱいもってるんだろう』とうらやましがられましたが、実際は父から小遣いをもらい、近所のお菓子屋さんで1ダース買って教室の仲間に振る舞いました。なので当時の父を『なぜこの人は有名人なんだろう？』と思っていました。CMで著名になってからは、正月や祭日でも滅多に家にいませんし、帰宅も深夜から早朝です。父親の姿はテレビで見ている状況だったので、もはや〝ブラウン管の人〟というイメージでしたね」

このCMは、直純のその後を大きく左右した。お茶の間の人気者、誰もが知る親しみやすい指揮者のイメージ。それは逆に、クラシック音楽界の正統派（と自認する人々）から遠ざけられ、溢れる才能を王道クラシック音楽で発揮する機会を失わせることにも繋がった。だがここまでの流れをみると、それは必然、あるいは運命だったとしか言いようがない。

「男はつらいよ」は、テレビドラマから始まった。生みの親は、フジテレビのプロデューサーだった小林俊一《こばやししゅんいち》。66年から67年に放映された渥美清《あつみきよし》主演のドラマ「おもろい夫婦」で成功を収めていた小林は、続いて渥美主演の下町人情劇を企画した。それが「男はつらいよ」だった。

小林は脚本を松竹の新進監督・山田洋次《やまだようじ》に依頼。次いで主題歌の作詞を星野哲郎《ほしのてつろう》に依頼した。やがて「兄弟船」等で大御所となる星野は、この時点で43歳。すでに、都《みやこ》はるみの「アンコ椿は恋の花」、北島三郎《きたじまさぶろう》の「函館の女」、水前寺清子《すいぜんじきよこ》の「いっぽんどっこの唄」をはじめ数々の名曲を生んでいた第一線のヒットメーカーだった。彼の手で「私、生まれも育ちも葛飾柴又です」のセリフと「俺がいたんじゃ、お嫁にゃ行けぬ」で始まるあの歌詞が書かれた。

そして作曲……小林はあえて、歌謡界の売れっ子ではなく、〝クラシック畑〟の山本直純を起用した。しかしこれが当たった。直純は「小林さんは星野さんとボクを、日本人の心、という共通項でぴったり結べると見抜いていたのだ」と記しているが、素晴らしい勘と言うほかない。

テレビシリーズは、68年10月から69年3月まで26話が放映され、大成功を収めたが、寅さんがハブに嚙まれて死ぬという最終回の結末に抗議が殺到。すると山田洋次が映画化を思いつき、69年8月に松竹映画「男はつらいよ」の第1作が公開された。以後、日本中から愛され、世界でも類を見ないロングセラーになったのは周知の通り。95年までの26年間に全48作、97年に特別編1作が公開され、直純はその全ての音楽を担当した。ともかく「男はつらいよ」は、直純の代表作となった。

後年、自身もこの映画に関係（第47作以降の3作は父子の共同）した長男・純ノ介は、制作現場における直純の手腕に感服している。

「山田洋次監督のもとで、直純さんがいろんな音楽をつけたり外したりするのですが、私もそういうものを学ぶようになりました。そこで直純さんが山田監督の要求をその場でパッと聞いて、Aを出してみたりBを出してみたり、とにかくいろんなものを出して、監督を納得させるわけです。その姿を見て『これは凄いな』と思いました」

加えてこうも話す。

「いわゆるアカデミズムとはまったく違う音楽の作り方ですよね。現場で必要ないとなれば、3分書いたものを15秒しか使わないなど普通のこと。現場でいかにして音楽を画に合わせ、監督を納得させるかを学びましたね」

山田洋次も、直純の音楽に魅せられていた。

「寅さんの映画に直純さんの音楽はピタリと合うんだ。陽気でありながら、どこか悲しい。湿っぽくなく、カラッとしていて透明。青い空をじっと見ていると涙が出てくることがあるじゃない、何か寂しくて。そういう種類の芸術なんだよね」（毎日新聞夕刊 2003年8月27日）

直純が書いた音楽は、映画そのものにも、日本人の心にもフィットしていた。特に主題歌のあのメロディーは、聞く者の胸にすっと染み入り、〝愉《たの》し切ない〟ともいうべき思いを喚起する。何より凄いのが、あの出だしの一節が流れ出しただけで、曲がわかり、情景が浮かぶことだ。

この後、直純と深く付き合うことになるさだまさしは、畏敬の念をこめて語る。

「♪チャーチャラリラリラリラリー（主題歌の冒頭）が流れ出せば、全員があの江戸川の土手をパーッと思い起こす。その下地になっていたのが、やはりベートーヴェンの交響曲の1番から9番まで入っているという、その頭の構造力でしょう」

ただ、笑い混じりにこう加える。

「そんな楽曲は、もう二度と出ないと思っていたら、『北の国から』があったね（笑）。あるとき北海道の人に『「男はつらいよ」と「北の国から」、この2曲だけだな。戦後の歌謡史の中で、音を聞いただけで映像が浮かぶっていうのは』と言われたときには、すごく嬉しかった。『えっ、直純さんと一緒？』と。その言葉は誇りでしたよ」

最近、アメリカ映画界の大作曲家ジョン・ウィリアムズに関して、両親がハリウッドの音楽家で、自身もジョンと親しい世界的指揮者レナード・スラットキンに話を聞いた。そのとき、彼はジョン・ウィリアムズの一番の凄さをこう表現した。

「『ジョーズ』は最初の2音、『スター・ウォーズ』は冒頭の1音を聞いただけで曲がわかります。それほど少ない音で曲と作曲者がわかるというのは本当に凄いことです」

「男はつらいよ」も、冒頭の1音だけでわかる。直純は（さだまさしも）、ジョン・ウィリアムズ同様に凄い作曲家だった。

ちなみに直純自身も「寅さん」の大ファンで、小澤を誘って一緒に映画を見に行った。映画館を出ると小澤は眼を真っ赤に泣き腫らしていた。直純は「コイツ、マッサラな日本人なんだな」と思った。

小澤の側から言えばこうなる。

「直純さんの功績といえば、映画『男はつらいよ』の音楽もその一つ。シリーズの第1作が公開された時、『これは絶対に見ろ』と強引に新宿の映画館に連れ出されて二人で観た。あまりの素晴らしさにショックを受けた。主人公・寅さんにすっかりほれ込んでしまった。以来、全作品をビデオで集めて、今はＤＶＤの全巻セットを三つ持っている」

ちなみに、寅さんの妹さくらは、小澤の母の名と同じだ。

68年の直純の成果はこれにとどまらない。

2月に始まったＴＢＳ製作の「お笑い頭の体操」の音楽を担当。これは大橋巨泉《おおはしきょせん》司会の人気大喜利番組で、75年まで続いた。

4月から始まったフジテレビ制作のワイドショー「3時のあなた」のテーマ曲も作った。この番組は、午後に帯で放映された初の主婦向けワイドショー。88年まで20年間続いたので、流麗なハープの伴奏に伴われた「さんじーのあーなーたー」のフレーズを覚えている方も多いだろう。

翌69年10月には、TBS系列で「8時だョ！　全員集合」が始まった。もはや伝説ともいえるザ・ドリフターズ主演の公開バラエティ。85年まで放映され、平均視聴率27・3％、最高視聴率50・5％を記録した。この番組の冒頭で、いかりや長介の「8時だよ！　全員集合」のかけ声の後、ドリフターズの面々が階段を駆け下りてくる時に流れる「オープニング・マーチ」、あれが直純の作曲だ。

60年後半から直純のアシスタントを務めた作曲家たかしまあきひこいわく、「よく聴くとトロンボーンが別の旋律を重ねている。ちょっと聞いただけではわからないが、実は、かなり音楽的に緻密に描かれている」

それに同番組には直純自身も出演していた。

68年を中心とする60年代後半の直純の業績……これだけでも彼は〝国民的作曲家（音楽家）〟と呼ばれ、さらなる賞賛を得てしかるべきではなかったか。

1968年1月、小澤はボストン交響楽団の定期演奏会にデビューした。後のボストンへの布石がまた一つ。さらに8月、ザルツブルク音楽祭におけるモーツァルトの「ドン・ジヨヴァンニ」で、カラヤンのアシスタントを務めた。齋藤秀雄がオペラをやらないため、小澤はこの分野に縁遠かった。それを見抜いたカラヤンが、「オペラをやらないのはとんでもない」と勧めたのだ。ヨーロッパでの活動にオペラは不可欠だから当然の指摘である。だが、そのスタートが、世界最高クラスのカラヤン＋ザルツブルク音楽祭というのは、通常望んでも叶わない。ここから小澤は、オペラの分野でも徐々に頭角を現すことになる。

そして9月、日本フィルハーモニー交響楽団の首席指揮者、ミュージック・アドヴァイザーに就任した。あの水野成夫が「首席指揮者をやれ」と言ってきたのだ。小澤は「すごく嬉しかった」と語っている。日本フィルは、かねてより縁の深いオーケストラであり、N響事件の後も定期演奏会を6回指揮していた。

直純の「征爾が日本に帰ってきたら、お前のためのオーケストラをちゃんと用意しておくから」が現実のものとなった。いやその第一歩が築かれた。

同じく9月、小澤はヴェラと再婚した。白系ロシア人の父と日本人の母を持つヴェラは、入江《いりえ》美樹《みき》の名で活躍する人気モデル。一時帰国していたときに出会い、その後親しくなった。小澤いわく「バツイチの僕と有名モデルの組み合わせが女性週刊誌の格好のネタになり、さんざん書き立てられ、追い回されてうんざりした」。結婚式は、仲人のデザイナー・森英恵《もりはなえ》夫妻と家族だけで静かに行われた。

69年4月、トロント響の日本公演で帰国したとき、東京文化会館での公演後の楽屋に、齋藤秀雄が訪ねてきた。小澤が日本を飛び出して以来、恩師との関係はぎくしゃくし、齋藤はニューヨーク・フィルとの公演の際にも、楽屋を訪ねては来なかった。だが今回、上野で食事をしながらじっくり話をし、齋藤から褒め言葉をもらった小澤は、やっとわだかまりが解けた思いがした。

69年は、7月にモーツァルトの「コジ・ファン・トゥッテ」を指揮してザルツブルク音楽祭にオペラ・デビュー。11月にはボストン響と初レコーディングを行う。12月には、同年ザルツブルクでも指揮していたパリ管弦楽団の定期演奏会にデビューした。

1970年、直純の妻・正美が、当時皇太子妃の美智子皇后が作詞した「ねむの木の子守歌」に曲をつけた。藝大作曲科の同期だった正美は、ほかに「幼児のためのしつけ音楽全集」(68年)、オーケストラ組曲「日本のリズム」など少なからず作品を残している。

その才能は高く評価されていて、松原千代繁も「作曲だけに関しては、ひょっとしたら直純さんよりも才能があったかもしれない」と語っている。

長男・純ノ介が最初にピアノを教わったのも母からだった。「とにかく母親はスパルタ教育だったから、できないとビンタされました」。また彼は小学校4、5年生の頃から作曲も始めていたが、曲を聞いてもらうのは、父ではなく母だった。

またこの年は、大阪で日本万国博覧会が開かれ、直純は、住友童話館、ガス・パビリオン、日本国政府館などの音楽を担当した。

1970年7月、小澤はタングルウッド音楽祭の音楽監督に就任した。彼がアメリカでの第一歩を記した音楽祭だ。これでボストン響との関係がより深まった。

同年大阪で行われた万国博覧会には、小澤もバーンスタインと共にニューヨーク・フィルを指揮して出演した。

そして秋、今度はサンフランシスコ交響楽団の音楽監督に就任した。前任の指揮者ヨーゼフ・クリップスの推薦だった。サンフランシスコ響は、ボストン響など「五大オーケストラ」に続く「エリート・イレブン」と呼ばれたアメリカのトップテン級の実力派である。一段とグレードが上がり、トロントを離れてアメリカでの生活に戻った。この頃にはベルリン・フィルやパリ管などヨーロッパの一流どころへの客演も増えていた。

ところが11月、翌月の小澤のサンフランシスコ響・音楽監督就任披露公演に行くのを楽しみにしていた父・開作が、心筋梗塞で亡くなった。享年72。小澤にとって父の存在は大きい。ボストン響に客演していた小澤は、オーケストラの計らいで急遽帰国した。

小澤は、「ぼくが着くまで、お父さんを棺に入れないで、そのまま寝かしておいてくれないか」と頼み、亡き父と対面した。

葬儀は11月25日、日本フィルの曙橋の練習場で行われた。しかし弔問客が全く到着しない。周囲は騒がしく、道は大渋滞。よりによってこの日、近くの自衛隊市ヶ谷駐屯地で三島由紀夫が自決していたのだ。三島は、N響事件のときに小澤を強く支援した恩人の一人だった。

干支がひと回りしたとき、カバン持ちだった青年は、知らぬ者のいない人気者に、海外を夢見ていた青年は、世界的な指揮者になっていた。そしてこの後二人は、齋藤門下生時代以来の強い繋がりを持つことになる。

# 第三章　オーケストラがやって来た（1971～1972）

1971年8月、私は東京文化会館の3階席にいた。福岡県の郡部に住んでいた中学生にとって、テレビや雑誌で見ていたこのホールは、憧れの殿堂だった。夏休みの約2週間、東京の親類の家に滞在した私は、ぜひ足を運びたいと願い、あるコンサートのチケットを手に入れた。

それが、山本直純指揮／日本フィルハーモニー交響楽団の「ウィット・コンサート」だった。

プログラムは、古今亭志ん朝の語りによる「ピーターと狼」やルロイ・アンダーソンの作品など。初めて聴いた東京でのコンサート、東京で聴いた初の在京オーケストラの生演奏が、ほかならぬ直純&日本フィルだった。そのときは、多少舞い上がりながらも素直に楽しんだ。

これが当コンビ最後の「ウィット・コンサート」となり、直後に大事件が起きることなど、知る由もなかった。

1972年6月、フジテレビと文化放送の援助打ち切りによって、財団法人日本フィルハーモニー交響楽団が解散となった。

「ポップス・オーケストラ」や「ウィット・コンサート」等で直純が長く関わると同時に、N響事件後の小澤を指揮台に迎え、68年から小澤が首席指揮者を務めていたオーケストラ。小澤にとっては、恩人の一人、水野成夫が作ったオーケストラでもある。

日本フィルは、56年6月、文化放送によって設立された。

当時の東京には、NHK交響楽団、東京交響楽団、ABC交響楽団、東京フィルハーモニー交響楽団の四つがあり、日本フィルは五つ目のオーケストラだった。

このとき水野は「日本フィルの楽員は、毎日ビフテキを食べ、自家用車を持つ暮らしをしていただく」と豪語した。

フジテレビジョンが開局した59年、同楽団はフジテレビ、文化放送両社の専属オーケストラとなった。

時は放送事業の創成期。N響＝NHK、東響＝ラジオ東京（東京放送→TBS）、ABC響＝朝日放送、日本フィル＝フジテレビ&文化放送と、五団体の内四つが放送局と専属契約を結んでいた。オーケストラには、生番組やレコーディングの仕事が多くあり、加えてメンバーにはアルバイト収入もあった。

だが放送産業は急速な進化を遂げ、録音・録画技術が発達。オーケストラの生番組での演奏機会は激減していった。するとABC響と東響は専属契約を打ち切られ、ABC響に至ってはやがて解体されてしまう。

さらに東京の民放キー局の市場競争が激化し、各局で減量経営が進められるようになった。

66年、日本フィルの団員は、文化放送の社員から嘱託へ身分変更された。

さらに69年、フジテレビと文化放送は、日本フィルを不採算部門と認定し、財団法人へ移行することを決定した。これは団員にとって文化放送からの退職を意味する。だがその時は、ほとんど誰も事の重大さを理解していなかった。

70年、演奏家の労働条件の改善と権利の確立を目指して労働組合の組織化の動きが起きた。翌年4月、日本初の音楽家の労組「日本演奏家団体協議会」が発足。日本フィルも労働組合を結成し、そこに加盟した。オーケストラでは日本初の組合だった。

当時、日本フィルのホルン奏者で、後に新日本フィルハーモニー交響楽団で奏者、そして事務方の主軸を務めた松原千代繁は、最初の経緯をこう記憶している。

「ある方と弁護士さんが来て、『いまや、医者などどんな職業でも、労働組合ができている。音楽家の労働組合がないのはそもそもおかしい』といった話をされました。それで、そちらへワーッと行った人と、『そんなこと言っても、俺たちは何か物を作ってるわけじゃないから、しょうがない』と考える人の二つに分かれました」

ただ、松原によると、兆候はもっと前からあったという。

「小澤さんが首席指揮者になったとき、『全員オーディションし直す』と言われました。まあ管楽器の連中は『しょうがない、そもそも一人一パートだし、それがどうした。じゃあやろう』となった。これによってセクションの力量は当然向上するのですが、（基本的にセクション全体で同じ音符を弾く）弦楽器の人たちはやはり抵抗がありました。まずはコントラバスから始めて、席順なども大幅に変わった。次にチェロをやって、今度はヴィオラというときに、セクションがオーディションをボイコットしたのです。そのあたりから雲行きが怪しくなり、やがて組合設立へと繋がったように思います」

ちなみに、こうしたオーディション自体、（特に海外では）さほど珍しくはない。オーケストラの新しい監督が、技量を向上させるために行い、海外では楽員を大幅に入れ替えるケースすらある。しかも結果がプラスに出れば、まわりからは「彼の改革でオーケストラが変わった」と賞賛される。ただし、日本の事情に合っているか？　プライドのある奏者がどう思うか？　は、また別の話だ。

71年春、日本フィルの労組は、大幅賃上げを要求し、財団理事会との交渉を開始した。これが「日本フィル争議」の第一歩となった。

夏に始まった交渉は平行線を辿った。組合のベースアップの要求額と理事会側が示した額には約2万円もの開きがあり、理事会側は歩み寄る姿勢を見せない。それどころかフジテレビは放送出演料を半期あたり1000万円削減した。

12月、最終交渉が決裂し、遂に組合側はストライキを敢行。新宿の厚生年金会館におけるベートーヴェンの「第九」公演が中止となった。組合員たちは、会場の前でお詫びと訴えをし、演奏家の現状はマスコミでも報じられた。

ただ松原は、「ストライキは民音（民主音楽協会）主催の『第九』公演。これが自主公演だったらまだ良かったのですが、民音主催のいわゆる依頼仕事でした。それがとりわけ経営陣の逆鱗《げきりん》に触れたのではないかと思います」と話す。

72年の年明け、フジテレビと文化放送は、日本フィルとの放送契約の3月一杯での打ち切りと、テレビ番組「東急ゴールデンコンサート」（すなわち東急のスポンサー契約）の廃止を通告した。

松原は、「『財団法人日本フィルが1972年の3月いっぱいで解散します』という宣告があった」と語っているが、いずれにせよこれは日本フィルの解団を意味している。

彼は続けてこう話す。

「ほとんど寝耳に水でした。日本フィルは、当時のフジテレビと同じ河田町のアーチ型の建物に、かなり広い練習場と楽器庫や事務室をもち、フジテレビの第七スタジオも練習に占用してたんです。まさかそんなことが起こるなど誰も思っていなかった」

直純は、海外にいた小澤に代わって、労使の間に立った。

一方小澤は、71年9月に日本フィルを3公演指揮した後、日本を離れ、12月にはサンフランシスコで長女・征良の出産に立ち会った。そのため年末に振る予定だった日本フィルの「第九」公演をキャンセルしており、この頃まだアメリカにいた。

直純は、東京のスタジオから電話をして、「小澤君、どうするつもりだ、お前のオーケストラだぞ」と言った。

直純いわく「オーケストラの管楽器は4管編成。そのうちの1番、2番の奏者や、弦楽器の1プルト、2プルトの奏者（前列の4人）、合計12人ほどがストライキに参加しなかった」

小澤が、慌てて帰国した頃にはもう、取り返しのつかない状況になっていた。

直純と一緒に、文化放送社長の友田信に会いに行き、「細々とでも続けてほしい」「せめて練習場は継続して使わせてほしい」と頼み込んだが、駄目だった。

組合員のメンバーは戦う姿勢を崩さない。存続の在り方をめぐって、激しいやりとりが行われた。直純と小澤も参加し、二人は90数名の楽員の前で演説した。

小澤は「音楽なんてケンカするためにやるものじゃない」と説得したが、聞き入れられなかった。とにかくオーケストラを残したい二人の考えは「労組の旗を降ろすことでスポンサーが見つかる」というものだった。労組側とは明らかに対立していた。

松原によると、話し合いは何度も行われた。

「当時、フジテレビと文化放送が日本フィルに支援していた金額は、年間7000万円位でした（別の資料によると1億5千万円となっている。支援と捉える境界線が違うのかもしれない）。文化放送社長の友田信さんや当時の重役クラスの中には理解のある人もいて、『なんとかして2000万から2500万位の援助で継続する道がないでもない』といった話もありました。もう何度も話し合っていましたよ。

そういう中、直純さんと小澤さんも、楽員総会や集会にしょっちゅう来られて、いかにも借りてきたようなイデオロギー的発言をするような人たちに対して、本気になって怒っていました。しかし結局は組合員と非組合員に分かれてしまい。非組合員たちが独立を決心すると、直純さんも小澤さんも賛同しました。しかも直純さんには、音楽の実業界、放送や映画に人脈があったこともあって、『いよいよもうだめだ』となったとき、『じゃあ新日本フィルというのをやろう』との考えに至ったのです」

意見がまとまらない中、直純が小澤に「おい、どうする?」と尋ねると、小澤は「頼む、誰々を押さえてくれ」と答えた。

その人たちを押さえて、新しい〝小澤征爾のオーケストラ〟を作ることになったのだ。

小澤は、72年4月に第28回日本芸術院賞を受賞していた。そしてなんと彼は、6月7日の授与式で、日本フィルの窮状を天皇陛下に直訴した。

「焦った僕はとんでもないことをしてしまう。天皇陛下に『自分だけ賞をもらいましたが、今一緒にやっているオーケストラは大変な状況なんです』と思わず言ってしまったのだ。その日は風邪で朝から目が腫れ、みっともないからサングラスをかけていた。怪しげな僕の写真が新聞に載り、脅迫めいた手紙が届くようになった」

それに対しては、日本船舶振興会(現・日本財団)の会長で全日本空手道連盟の会長でもあった笹川良一《ささかわりょういち》が手を貸し、小澤の音楽会では空手の強者《つわもの》が六人くらい最前列に座ることとなった。

別の資料によると小澤の直訴の言葉はこう書かれている。

「陛下、日フィルを助けてください。指揮者はオーケストラあっての指揮者です。指揮者が国家から最高の賞をうけながら、そのオーケストラがつぶれそうというのでは、せっかくの受賞も複雑な気持ちになってしまいます」

この一件は当時かなりの話題となった。

訴えもむなしく、72年6月に財団法人日本フィルは解散する。

最後の定期演奏会は、6月16日に東京文化会館で行われ、マーラーの交響曲第2番「復活」を小澤が指揮した。ソリストはメゾ・ソプラノの木村宏子《きむらひろこ》とアルトの荒道子《あらみちこ》、合唱は日本プロ合唱団連合だった。

この公演は、未来の「復活」への願いのこもった感動的な演奏だったと伝えられている。またシカゴ交響楽団のトランペットのアドルフ・ハーセス、ホルンのデール・クレヴェンジャー（共に名物的な超名手）がゲストで参加し、小澤いわく「『こんな素晴らしいオーケストラはない』とベタ褒めしてくれた。それほど力のこもった演奏だった」

前年の夏、筆者が東京で初めて聴いたオーケストラが、1年も経たない内にこうなってしまった。

その本質は、「われわれは音楽家だから、いい音楽をやれば、必ず助けてくれる人はいる」といった集団が新日本フィルで、その旗頭が小澤と直純だった。一方、「フジテレビの解雇、スポンサー打ち切りは不当だ。われわれは音楽家だが、その前に労働者である。だから断固として戦う」というのが日本フィルということだろう。

本書は直純と小澤がテーマだからそちらの目線で進めているが、両者ともに一理ある。要は「オーケストラはお金がかかる」の一点に尽きる。百人近くが同時に一つのことだけをする贅沢な集団、それがオーケストラだ。人々に潤いを与える文化財と捉えて支援していかなければ保つはずがない。その支援が失われたとき、スタンスの違いが浮き彫りになった。

日本フィルを創設した水野成夫は、68年に病気で倒れ、72年5月4日に亡くなった。まさしく問題発生の時期に表舞台から去り、終焉の1ヶ月前に死去……。彼の力が及ばなくなったことがすこぶる大きかったに違いない。

ちなみに日本フィルは、その後も自主運営団体として活動を継続。7月にはフジテレビと文化放送に対して訴訟を起こした。9月16日に渡邉暁雄の指揮で次の定期演奏会を行い、

78年には渡邉が音楽監督・常任指揮者に復帰。以後も彼を中心に活動を続けた。争議は長く続いたが、84年3月、フジテレビと文化放送が2億3千万円の解決金を支払い、労組も承認することで終止符が打たれた。彼らは「市民と歩むオーケストラ」という姿勢を打ち出しながら、熱い演奏でファンの支持を集め、２０１７年現在も意欲的な公演を行っている。

かくして１９７２年7月1日、新日本フィルハーモニー交響楽団が結成された。これは直純と小澤による実質的な初の共同作業だった。

直純は、齋藤秀雄を団長あるいは首席指揮者にしようと考えた。すると齋藤は「君たちのオーケストラなんだから」と答え、「指揮者団を作れ」と言う。そこで、顧問＝齋藤秀雄、首席＝小澤征爾、幹事＝山本直純、秋山和慶、手塚幸紀《てづかゆきのり》の五名による「指揮者団」が作られた。

結成記念公演は、水野成夫の追悼演奏を兼ねて、72年9月15日に東京文化会館で開催され、小澤が指揮した。プログラムは、ベルリオーズの「ローマの謝肉祭」序曲、ラヴェルの「マ・メール・ロワ」、ベートーヴェンの交響曲第3番「英雄」。奇しくも日本フィルの再開定期演奏会の前日で、会場も同じだった。

第1回の定期演奏会は、1週間後の9月22日に東京文化会館で開催。やはり小澤が、ハイドンの交響曲第60番、協奏交響曲、チェロ協奏曲、テ・デウムという珍しいプログラムを指揮している。10月の第2回は、元々日本フィルへの客演が予定されていたチェコの名指揮者ズデニェク・コシュラーが、スメタナの連作交響詩「わが祖国」全曲を指揮した。11月の第3回は直純が受け持ち、ブラームスの交響曲第1番、ヴァイオリンとチェロのための二重協奏曲、ハンガリー舞曲第1、5、6番を指揮した。

この公演はもともと齋藤秀雄に依頼していたが、彼は「教育最優先」と言って断り、説得にあたった直純に「オレが信用できるやつは、いまの日本にお前しかいない。最近の指揮ぶりは見ていないが、山本、お前はその気になればできる男だ！」と言ったことで、「長年クラシックのシリアスな演奏から離れていた」直純の登場が実現した。定期の演目としては珍しい「ハンガリー舞曲」は、彼のパーソナリティを活かせると、コンサートマスターのルイ・グレーラーが助言して入れた。また当初は「悲劇的序曲」だったが、再出発に「悲劇的」はまずいということもあって「ハンガリー舞曲」になったという。

後に直純は、「ほんとうに久しぶりに緊張してステージを務めた。恩師のピンチヒッターとして、でき上がったばかりの、仲間たちの演奏会を演《や》らせてもらった光栄は、ボクの生涯の思い出となった」と述懐している。

そして12月の第4回は、小澤がハイドンのオラトリオ「天地創造」を指揮し、その年を締めくくった。なお、当初断った齋藤秀雄も、73年4月の第8回（交響曲第39番などのオール・モーツァルト・プログラム）、74年2月の第16回（ムソルグスキーの「展覧会の絵」や、佐藤陽子を独奏に迎えたチャイコフスキーのヴァイオリン協奏曲など）の2度、定期演奏会を指揮している。

新日本フィルが、日本フィルの最終公演の翌月から間髪入れずに開始され、当初からフル編成の楽曲を演奏しているのを見ると、かなり早い段階から準備がなされ、順調に滑り出したようにも思える。

直純が小澤に「どうする?」と尋ねたとき、小澤が「誰々を押さえてくれ」と言い、「その人たちを押さえて」いたことが、早い開始に繋がったのは確かだろう。

だが、直純も語るように「弦楽器は12人」で、あとは管楽器と打楽器のメンバーのみ。松原千代繁によると「音楽家24人と、後に事務局長になった支倉さんを加えた25人で始まった」。彼の記憶でも弦楽器は10人ちょっとで、「新日本フィル、ブラスバンド部みたいな感じだった（笑）」

となれば当然、最初はエキストラが多数入ることになる。しかも「お金のメドなど全然なく、始めてから3年位は、コンサートマスターのグレイラーさんも含めて、全員が月給5万円だった」と松原は話し、直純も「みんなで、いくつかの仕事をこなしてどうにか食いつないでいた」と述べている。

松原が言うには「特に困ったのは練習場がないこと」だった。

「当初は、船の科学館の講堂で練習しました。今は街中にありますが、あの頃は夢の島の近くで、朝と晩に門前仲町からバスが一本ずつあって、皆でそれに乗って行き、練習が終わるとまたバスで帰ってきました。そのうちに、大久保の海洋会館という地下の集会場のような所や、田町の船舶新興ビルの小さなホールなどでやるようになりましたが、そうした手配は全部、直純さんのコネクションでした。こうした場面での直純さんの才能はもう凄かった」

直純は、定期演奏会の指揮こそ1回だが、「武道館の音楽会がありました。ポップスもマーチも『第九』の第4楽章も演奏するといったコンサート。これはもう直純さんの独壇場でした」と松原は言う。

しかし直純は、次なる段階で、新日本フィルのみならず、日本の音楽界に多大な貢献を果たすことになる。

1972年10月1日、「オーケストラがやって来た」が始まった。

TBS系列で毎週日曜昼間に放映された直純司会によるクラシック音楽番組で、スポンサーは日本電信電話公社(現・NTT。途中から富士重工業との2社提供)だった。演奏は基本的に新日本フィルが担当。地方では現地のオーケストラを使う場合もあった。

同番組は、83年3月27日まで、毎回一つのテーマをもとに544回もの放送が行われ、画期的ともいえる内容でクラシック音楽の啓蒙・普及に寄与した。そしてまた小澤も積極的に出演。直純と小澤の友情を初めて具体的な形で世に示すことにもなった。

72年7月に新日本フィルが発足し、10月には番組が開始……となれば、日本フィルの事件とは別に準備がなされていたことになる。

「オーケストラがやって来た(オケ来た)」は、萩元晴彦率いる「テレビマンユニオン」の制作だった。

TBSのプロデューサーだった萩元は、70年に同社を退社してテレビマンユニオンを設立し、初代社長に就任していた。彼は、自由学園の小学校時代から直純（2歳年下）の幼なじみで、小澤の親友でもあった。N響事件のときにも小澤の力となり、TBSで「現代の主役・小澤征爾〝第九〟を揮る」というドキュメンタリーを制作。さらに後にも、78年に「北京にブラームスが流れた日～小澤征爾・原点へのタクト～」、84年に「先生！ 聞いてください・齋藤秀雄メモリアルコンサート」、94年に「赤い夕日～小澤征爾、故郷の指揮台に立つ～」などを制作し、98年には長野冬季オリンピックの開会式・閉会式の総合プロデューサーとして、小澤指揮による六ヶ国同時の「第九」合唱を実現させた。クラシック音楽が好きで、日本の室内楽ホールの草分けであるカザルスホールをプロデュースしてもいる。

「オケ来た」で企画・演出を務めた、テレビマンユニオンのプロデューサー、大原れいこは、「直純さんの頭の中には、新日本フィルの生き残る道として、テレビのレギュラー番組を作り、それでみんな食いつなごうというイメージは、最初からおありだったんです。そういうところが天才的なプロデュース能力ですね」と話す。

直純は、「オーケストラを出演させるにはどんな番組にしようかと考え、電電公社の専務理事をしておられた遠藤正介さん（作家・遠藤周作の兄）に相談に行った」と著書に記しているが、松原は「直純さんと萩元さんは、かなり前から話をしていたのだと思う」と語っているし、大原も「70年にTBSから独立したテレビマンユニオンは、すぐにでもレギュラー番組が必要だった。その頃から電電公社の遠藤さんとはスポンサーになっていただけるお話が進んでおり、放送を引き受けるTBSも含めて、71年にはもう構想が固まっていた」と話している。

やはり準備は前から進んでいたようだ。だが、その段階で直純が振るであろうオーケストラ＝日本フィルは、フジテレビの傘下にあり、TBSに出演できるはずもない。ということは、番組が始まる直前の絶妙なタイミングで新日本フィルが誕生し、直純とテレビマンユニオンの思惑が合致したことになる。

大原の話によると、番組には電電公社の事情が大きく働いた。

「電電公社は、全国的な電話料値上げを控えていた。しかも全国一律ではなく、地域ごとに始めると。そこで、値上げする地方にオーケストラがやって来ては、無料で演奏会をやる、そういう仕組みで巡業スケジュールが決まっていきました」

直純によると、「全国にある電電公社の局長さんが、代理店を通じてコンサートに地域の住民を招待する。そのコンサートの前に、局長さんが、今度はこんな電話機ができましたとか、こういうときはここへ電話してくださいという話をする。その後、公開演奏会を行った」。

また、会場のロビーには公衆電話が置かれ、当時高価だった長距離通話が無料で提供されたため、長蛇の列ができた。

これらはテレビを観ているときには、ほとんどわからなかった。

制作上の課題は、長い曲が多いクラシック音楽を、30分のテレビ番組でどう扱うかだった。

「電電公社の要求は、正味27分の番組の中で、1回で演奏する長さは3分にしてくれというもの」で、大原は「当時公衆電話が3分で一通話だったから」と言うから、スポンサーの存在は大きい。

ここで、直純のスタジオで培った経験と膨大な音楽知識がものをいう。

大原はその手腕に舌を巻いた。

「彼は40分のベートーヴェンのシンフォニーを3分にする天才でした。スコアを広げて、ここ、次ここ、こっち飛んでここ、とその場でかいつまんで、あっという間に3分に仕上げてしまう」

松原は「テレビマンユニオンがよく頑張ったなと思うのは、番組中にコマーシャルがなかったこと」と話すが、今考えれば凄いことだ。これも視聴者の集中力を保たせる大きな要因となったであろう。

番組は、月4本収録しなければならず、毎週水曜の夜に企画会議が開かれた。二人の話を総合すると、直純は夜9時からの会議に12時頃来て、朝方の4〜5時まで熱心に話し、衣装や小道具などのディテールに至る全ての構成に関わった。直純のアイディアは泉の如く湧き出て、11年やっても涸《か》れないほどだった。

「とにかく、どの曲のどこを使うかという引き出しがすごい。企画会議でも、譜面も何もない状態から、あらゆる曲のあらゆる部分がすらすらと出てくる。多くのスコアが全部インプットされてデータ化されている。オケの奏者がどういうところでどういう苦労をされているかというのも全部頭に入っているから、そこも的確に取り出すことができた」と大原は感嘆する。

萩元の念頭にあったのは、アメリカのテレビ番組「ヤング・ピープルズ・コンサート」だった。バーンスタインが司会をしながらニューヨーク・フィルを指揮し、ときにはピアノも弾いて、いかに高度な内容であろうと驚くほど明快に伝えた名番組だ。ただし松原が小澤から聞いたところによると、この番組は、「ちゃんと原稿ができていて、この言葉で終わったら、次はこの音の言葉で始まるなど、細部まで綿密に計算してあった」との由。ちなみに、萩元が電電公社に目をつけたのは、バーンスタインの番組も電話会社がスポンサーだったからだという。

萩元は、バーンスタイン役を直純に託し、バーンスタインの助手を経験した小澤も引き込んだ。

直純は、構成、司会、編曲、演奏のすべてを受け持ち、全国各地を回った。小澤も帰国するたびに出演した。

「僕は120パーセント協力するつもりで、可能な限り出演し、親しい外国の音楽家にも積極的に出てもらった。直純さんが常々僕に言っていた『山の底辺は俺がやるから、お前は頂点を目指せ』の言葉通り、クラシック音楽を分かりやすい言葉で裾野まで広めようとしたのがこの番組だと思う。直純さんの素晴らしい功績だ」と小澤は語る。

小澤が出演したのは、全544回中64回。イメージよりは少ないが、普段は海外で活動していることを考えれば、彼の功績も大きい。

直純が映画や放送の仕事で培ったコネクションを生かして人気歌手や俳優を出演させ、

小澤が海外で培った人脈を生かして世界的な音楽家を出演させる。これほど強力なタッグはなかった。

「あらゆる試行錯誤が番組で行われた。ひとりでも多くの方にクラシックを理解してもらうためだった」と直純は言う。

そして視聴者（芸能人なども）が参加する「1分間指揮者コーナー」を思い付き、ラヴエルの「左手のためのピアノ協奏曲」では江《え》夏《なつ》豊《ゆたか》投手（サウスポーの大投手）がゲスト出演したかと思うと、ベートーヴェンの「運命」を山下洋輔《やましたようすけ》がジャズピアノで演奏した。500回記念には一般公募した500人のコーラスを前に、タクトを振った。

なおアシスタントは、うつみ宮土理《みどり》、真理《まり》アンヌ、島田《しまだ》祐子《ゆうこ》、アグネス・チャン、マリ・クリスティーヌ、大場《おおば》久美子《くみこ》などが務めている。

筆者も、毎週の放送が大きな楽しみだった。そして毎回ワクワクしながら番組を観ていた。直純が編曲したテーマ曲、ヨハン・シュトラウス二世の「常動曲」が始まり、各楽器がリレーされていくときの楽しさや、その最後に直純が客席の方を向き、まさしくピッタリのメロディに合わせて「オーケストラが〜やってきた〜」と歌うオープニングの高揚感は、今でも鮮明に覚えている。

2014年にハイライトシーンを収めた全4巻のDVDが発売された。それを観ると物凄い内容にあらためて圧倒される。

第1楽章（第1巻）「山本直純編」では、世界的ヴァイオリニスト、イツァーク・パールマンがラグタイムを弾き、小澤と直純がピアノの連弾で伴奏するシーンがある。ピアノを弾く二人は実に楽しそうだ。これは今観ると感動的でさえある。あの小澤が「赤とんぼ」を歌いながら客席に向かって指揮するシーンもある。著名ピアニストで指揮者のクリストフ・エッシェンバッハが出演し、ブラームスの「ハンガリー舞曲」第5番を演奏。まず小澤の指揮でエッシェンバッハと直純がピアノを連弾、次に直純の指揮で小澤とエッシェンバッハが連弾、最後にエッシェンバッハの指揮で小澤と直純が連弾するという、夢のようなシーンもある。このほか、フルート奏者のオーレル・ニコレ、大竹《おおたけ》しのぶ、佐々木《ささき》信也《しんや》（野球評論家）なども出演。直純お得意のパロディ「皇帝狂走曲」のほか、「田園・わが愛」、遠藤周作《えんどうしゅうさく》との共作「オラトリオ 踏絵」、「シンフォニック・バラード」といったシリアス系の自作も収録されている。

第2楽章（第2巻）「小澤征爾編」では、小澤と森進一《もりしんいち》が共演。小澤が「襟裳岬《えりもみさき》」までも指揮している。ピアノ界の重鎮・安川加寿子《やすかわかずこ》が、モーツァルトのピアノ協奏曲「戴冠式」を〝指揮〟して、直純と小澤が二人でピアノ独奏のパートを弾くシーンも興味深く、フォスターのメドレーで直純と小澤が歌うなど、二人の交流の数々は、貴重かつ微笑ましい。そして齋藤秀雄ゆかりの曲、J・S・バッハの「シャコンヌ」を全身全霊を傾けて指揮する小澤の鬼気迫る姿は、おそろしく感動的だ。

第3楽章（第3巻）「伝説の名演奏・名企画編」では、ヴァイオリンの巨匠アイザック・スターン（彼は何度も出演している）が大活躍。初心者のヴァイオリンの真似も絶妙だし、彼が真剣に弾くブルッフのヴァイオリン協奏曲は、これを聴けば誰もがクラシック好きになるであろうとの思いに駆られるほど素晴らしい。直純編曲によるフォスターの「金髪のジェニー」も出色だし、スターンの独奏、小澤の指揮、直純の編曲&ピアノによる山田耕筰の「からたちの花」は、しみじみと胸に迫る。小澤の指揮で会場の参加者たちが全力で歌うベートーヴェンの「第九」の「喜びの歌」は、無条件に感動的。シンバル、さらには管楽器の2番吹きという日の当たらないポジションをテーマにした回（当時2番ホルンを吹いていた松原千代繁も登場する）では、よくもこれほどハイレベルな内容を！　と感心させられることしきりだ。

第4楽章（第4巻）「夢の共演オンパレード」では、小澤とパールマンがテーマ曲に合わせて卓球をしたり、岩城宏之と中村紘子《なかむらひろこ》がブラームスのピアノ協奏曲第2番のリハーサルをするシーンが実に興味深い。漫画家の手塚治虫が弾くモーツァルトの「トルコ行進曲」や、「1分間指揮者コーナー」で武満徹が指揮して小澤が鍵盤ハーモニカを吹くシーンも印象的だ。この巻には、東敦子《あずまあつこ》（ソプラノ）、千住真理子《せんじゅまりこ》（ヴァイオリン。15歳！）、朝比奈隆《あさひなたかし》（指揮）、井上道義（指揮）、セヴェリーノ・ガッゼローニ（フルート）、立川清登《たちかわすみと》（バリトン）、清水和音《しみずかずね》（ピアノ）、堀米《ほりごめ》ゆず子（ヴァイオリン）といったクラシックの演奏家以外にも、都はるみ、春風亭柳昇《しゅんぷうていりゅうしょう》、菅原文太《すがわらぶんた》、石川さゆり、田谷力三《たやりきぞう》、桂三枝《かつらさんし》、加《か》藤登紀子《とうときこ》、五木ひろし（彼が日本語で歌うシューベルトの「菩提樹」は特に見もの）などが出演。1分間指揮者コーナーには、手塚治虫、江夏豊、五木ひろしのほか、布施明《ふせあきら》、今東光《こんとうこう》、林家三平《はやしやさんぺい》、三遊亭円楽《さんゆうていえんらく》、伴淳三郎《ばんじゅんざぶろう》、八代亜紀《やしろあき》、ガッツ石松《いしまつ》、遠藤周作、野際陽子《のぎわようこ》、浦辺条《うらべくめ》子《こ》と多彩な面々が登場する。そして最後に置かれた「夢の船」で、早世した作曲家・矢代秋雄が、題名曲を中村紘子と連弾する短いシーンも胸を打つ。

このほか、挙げていけばキリがないほど見どころが満載で、これらがほんの一部だから恐れ入る。

直純のアイディアに富んだテーマ設定と企画内容は、いま見ても素晴らしい。べらんめえ調がまじりながらも軽妙かつ明快な司会・進行も面目躍如。優しい口調という名の見下した言葉遣いや、媚びを全く感じさせないのが実にいい。そして、楽しくはすれども内容のレベル自体を下げないこと、直純はじめ出演者全員が全力で真剣に取り組んでいることが、皆を惹き付け、11年も続いた大きな要因だろう。

それは、「番組は29局ネットで（視聴率）1％でも70万の人が観ることになる。誰もが理解でき楽しく面白いものを作らなければならない」「コンサートホールに足を運んでくれるお客様ではなく、人の話し声はもちろん、キッチンの水音や、ブザーや、冷蔵庫のうなる音の中で視聴される番組だ。ひきつけるにはそれなりのアイディアや仕掛けと魅力、そして技術が要る。スタッフ自身の勉強も大切だ」といった、テレビの本質を知る直純の真摯な姿勢が、皆に波及した結果でもあろう。

小澤は、別の機会にも重ねてこう語っている。

「僕は帰国するたびに必ず出演し、また世界的に著名な演奏家に、来日する時に出演してくれないかと直接頼んでいた。アイザック・スターン、ルドルフ・ゼルキン、ピーター・ゼルキン、イツァーク・パールマン……。あの番組は一見おちゃらけているように見えたかもしれない。でも直純も僕も、ものすごく真剣だった。ああいったことは一生懸命やらなきゃできない。『オケ来た』のおかげでお茶の間にクラシックが浸透したと思うし、日本のオーケストラに対する影響も大きかった。お勉強じみた西洋音楽の枠をぶち壊すエネルギーがあった」

松原は「普通に難しいことを、当たり前のようにやさしくやっていた。子供には本物を聴かせるとそれが伝わる」。小澤も「敷居はつくらず、でも本質は譲らず。一般の人々や子供たちにこそ本気で向き合わねばいけないと、僕は直純から教わった」と話す。

大原は、小澤の姿勢にも感服している。

「テレビ番組だからといって、全く妥協しない。むしろ『テレビだからまじめにやれ』、アレンジ物のちょっとした切れっ端をやるときも、全然手を抜かなかった」

ただ平佐によると、そもそも小澤は子供が好きで、「オケ来た」で、ピアノを弾いたり歌ったりおどけたりといった普段見せない姿を披露していたのは、直純や新日本フィルとの付き合いだけでもないようだ。

それにしてもこの番組は、直純が名付けた「オーケストラが〝やって来た〟」というタイトルも良かった。主語はオーケストラを迎える各地の市民。「行ってやる」といった押し付けがましさのないその言葉は、まさに絶妙だった。

「クラシック音楽はハードルが高い」とよく言われる。それゆえ最近は（クラシックだけでないが）、入門者向けというと「わかりやすさ」や「聴きやすさ」のみに傾きがちだ。しかしクラシックはハードルが高いからこそ奥深く面白いともいえる。世には「君たち、どうせハードル飛べないでしょ」といった舐めた目線の「わかりやすい」コンサートが少なくないし、それでは先の広がりもない。対して「オケ来た」は、「こうやったらハードルを上手く飛べるよ」と、楽しみの糸口を本気で教えてくれる番組だったように思う。だからこそ、この番組が真のクラシック音楽啓蒙の役割を果たしたのだ。

70年代から80年代には、「オケ来た」以外にも、黛敏郎の硬派な色が出た「題名のない音楽会」（東京12チャンネル→テレビ朝日）、芥川也寸志《あくたがわやすし》と黒柳徹子《くろやなぎてつこ》のエレガントな雰囲気が反映された「音楽の広場」（ＮＨＫ）が放映されていた。それは、個性の異なる濃密なクラシック番組が揃っていた幸せな時期でもあった。

その中でも「オケ来た」は、音楽力、企画力、タレント性、経験、人脈など、直純の全てが最高の形で融合した、稀代の名番組だった。

もう一つ、新日本フィル絡みで果たした直純と小澤の大きな仕事に、「日本交響楽振興財団」の創設がある。

直純は、著書で「交響楽振興財団を創立したのは、日本全国にあるオーケストラを財政的に援助することが目的で、船舶振興会（現・日本財団）と自転車振興会を中心に、各企業から基金を出していただいた」とさりげなく書いている。

だが本来これは、新日本フィルを何とか軌道に乗せるために、直純と小澤が奔走した結果生まれたものである。

２０１７年現在も「公益財団法人」として活動するこの団体のホームページには、「当財団の設立は、１９７２年、昭和天皇陛下に指揮者小澤征爾氏が当時のわが国の交響楽団の経済的苦境についてお話申し上げたことから始まりました」と記されているから、あの直訴も無駄ではなかった。

小澤によると当初の経緯はこうだ。

「新日本フィルを立ち上げるために、今じゃ信じられないけど、僕と直純の二人でお金を集めに行ったんです。ない知恵を絞って、佐藤栄作《さとうえいさく》首相（当時）のお宅に直接行った。何であんなことやったんだかわからないんだけど、とにかく必死だったんだね。そうしたらなんと会ってくれた。しかもその場で自転車振興会と船舶振興会の両方に電話してくれて、あっという間に両方からお金が出ることが決まった」

そこでは、直純の話術も功を奏したようだ。

「そういうお金集めも、彼（直純）はうまかった。佐藤さんの前でも、僕は何をしゃべっていいかわからないのに、直純は一生懸命しゃべっていて、すごいなと感心しながら見ていた」

直純の話術に関しては、松原も「日本語が上手だった。本当に言葉が音楽と同じぐらい大事だったんじゃないかな。僕は正月の3日には必ず直純さんと一緒に笹川良一さん（当時・日本船舶振興会会長）のもとを訪れていましたが、そのときの挨拶も実に見事なものでした」。大原も「直純さんは言葉の使い分けも巧みでした。普段はジャーマネ（マネージャー）といった楽隊言葉をべらんめえ口調で話しているのに、美智子さまに呼ばれていらっしゃると、きちんと宮中の言葉を話していると聞いたことがあります」と証言している。

かくして73年3月、「財団法人 日本交響楽振興財団」が正式に発足した。

二人は「新日本フィルのために」頑張ったはずだった。ところがそうはならなかった。

「文部省が財団法人の定款を作るときに、文句をつけた。要するに公益のものだから、単独のオーケストラを支援するのは財団法人の趣旨に反すると。それでちょっと思惑が外れた。この財団の主な仕事である地方での公演（地方の公共ホールなどがオーケストラを呼びたいときに、財団が補助金を出す）は、新日本フィルが中心ではあったけれども、色々なオーケストラもやるようになった」と松原は話す。

それゆえ「直純さんも生涯怒っていた。怒り方がいかにも直純さんらしく、『メシ食わしてやるよ』って言って、実際出てきたらお粥しかなかった。とんでもないと（笑）」

それでも直純は、70年代半ばに日本船舶振興会のCMに出演し、「火の用心のマーチ」も作曲している。直純が高見山《たかみやま》や笹川会長と共に勢い良く纏を振っていたこのCMは、当財団への尽力のお礼として奉仕的に出演したともいわれている。

やはり小澤と共に何度も笹川に挨拶に行った平佐は、「笹川さんは、亡くなるまで、自分のお金は小澤や新日本フィルのために出していると思い込んでいたと思う」と言う。

他のオーケストラから「日本交響楽振興財団という名の財団ができたなら、一楽団だけにお金を使わせるのはけしからん」とのクレームや、さらには、「あそこに行ったら仕事をもらえるかもしれない」と、売り込むオーケストラも出てきて、新日本フィルの仕事が徐々に減らされていったということもあったようだ。

これには、当然、小澤も怒っているだろう。何しろ、佐藤首相のところに行ってお願いし、経団連にも行くなど、必死の思いをしたのは小澤と直純である。それなのに横やりが入って、新日本フィル以外のオーケストラにもお金がいくことになってしまったのだから。とはいえ、オーケストラにお金が出るようになったことを鑑みれば、これもまた直純と小澤の大きな功績に違いない。

一連の出来事の中心をなす1972年は、2月に札幌冬季オリンピック（直純は、入場行進曲「白銀の栄光」を作曲している。これも直純の作品の中では定番的な存在だ）、浅間山荘事件、5月に沖縄返還、9月に日中国交正常化と、とかく騒がしく、音楽界では日本フィルの問題が大きな事件だった。

こうした中で船出した新日本フィルは、最初の指揮者団と、その後加わった小泉和裕《こいずみかずひろ》、朝比奈隆らのもとで態勢を強化し、97年には墨田区と提携。すみだトリフォニーホールで日常の練習と公演を行う本格的フランチャイズを導入し、2017年現在も精力的に活動している。

直純は、02年に亡くなるまで指揮者団の幹事を務めた。小澤は、90年まで指揮者団の首席として中心的役割を果たした後、91年～98年名誉芸術監督、99年以降は桂冠《けいかん》名誉指揮者として関わりを保っている。

特に義理堅い小澤は、新日本フィルの発足以降、一部の例外を除いて日本（特に東京）の他の既存オーケストラを指揮しないようになった。〝世界のオザワが振る日本で唯一のオケ〟であることが、新日本フィルの発展に絶大な効果を発揮したのは、まず間違いない。

# 第四章　天・地・人（1973～1982）

1973年9月、小澤征爾はボストン交響楽団の音楽監督に就任した。スクーターと共に貨物船で単身フランスに渡ってから14年。彼は38歳にしてここまで上り詰めた。

ボストン響は、1881年に創設された、アメリカ5大オーケストラの一角をなす名門だ。小澤のアメリカ行きの最初の道筋をつけた巨匠シャルル・ミュンシュが音楽監督を務めたオーケストラでもある。小澤は、同楽団が主宰するタングルウッド音楽祭で飛躍のきっかけを掴み、70年以降は同音楽祭の音楽監督として関わっていた。すでに前年の72年〜73年シーズンには音楽顧問に就任。1年後、ウィリアム・スタインバーグの後任として、第13代の音楽監督となった。

小澤とボストン響に関するカール・A・ヴィーゲランドの著書『コンサートは始まる』によると、音楽監督の候補には、副指揮者のマイケル・ティルソン・トーマスと、首席客演指揮者のコリン・デイヴィスの名が挙がっていた。

「しかし最終的にトーマスは影響力を持つ奏者たちから若すぎる（当時29歳）と見なされ、オーケストラが非常に尊敬していたデイヴィスは、そうした契約に対して気持ちの準備が出来ていないと表明した。征爾の聴衆に対するカリスマ的な人気は、バーンスタインに次ぐものだった。オーケストラの評議員たちは迷うことなく結論を出した」

小澤は、70年からサンフランシスコ交響楽団の音楽監督を務めていた。通常、同じ国のビッグ・オーケストラの音楽監督の掛け持ちは、まず有り得ない。だが、小澤はあえてその道を選んだ。

実は、サンフランシスコ響に着任後、ボストン響から音楽監督の話が舞い込んでいたが、小澤は断っていた。彼は「ジョージ・セルがクリーヴランド管弦楽団を鍛えたように、サンフランシスコ響を超一流のオーケストラにしたかった」。そして「サンフランシスコ響に就任をOKした時、マネージャーのハワード・スキナーはビルの屋上に駆け上がって『ブラボー!』と叫んだらしい。それくらい期待されているのに、辞めてボストンに移ることはしたくない」との思いがあった。

しかし、ボストン響の理事会長・タルコット・バンクスとマネージャーのトッド・ペリー(黒船のペリーの子孫)が改めて依頼に来ると、小澤は悩んだ末に両方引き受けることにした。サンフランシスコ響のマネージャーらも「俺たちも協力するから、何とかやってみよう」と支持してくれた。

サンフランシスコでは、二人の子供が生まれた。

71年12月(日本では日本フィルのストライキ騒動の最中だ)に長女が生まれた時、小澤は全身を消毒し、白衣を着て分娩室にまで入って、出産に立ち会った。父の名〝Seiji〟と母の名Vera〟を足して〝征良《せいら》〟と名付けられた彼女は、その後エッセイスト・作家となった。

74年6月には、長男・征悦《ゆきよし》が生まれた。征良と同じ病院だったため、すでに分娩室に入るための白衣が用意されていた。生まれた時、地元紙には「今度の名前は〝Jive〟か」と書かれた。両親の名から〝Seira〟を引いたらそうなるからだ。征悦はやがて、俳優として大活躍することになる。

子供に対する小澤の溺愛ぶりは有名だ。「今日は運動会があるから、リハーサルの時間をずらしてもらえないか」と申し出たとの話もあるし、単身ボストンにいるときは、二人の子供に毎日電話していたという。孫も非常に可愛がっているというから、小澤も彼らに元気をもらっているのかもしれない。また、サンフランシスコの家も、娘が生まれた所だからと、なかなか処分しないでいたほど、子供の思い出を大事にしているとも言われる。

サンフランシスコ響では、75年6月に日本公演も行った。

だが、ボストン響との掛け持ちを始めて以来、サンフランシスコとボストンを往復する日々だった。両都市は、広大なアメリカ合衆国のほぼ西端と東端、国内で最も離れた場所に位置している。小澤は、土曜の夜にサンフランシスコで公演が終わると、深夜の飛行機で翌朝ボストンに着き、1日寝て月曜から仕事……といった生活を3年も続けた末に、血圧が上がり、心肥大になった。

結局76年にサンフランシスコ響の任期を終えると、そのまま辞任した。以後小澤は、ボストン響で通算29年という、アメリカのオーケストラでは異例の長期政権を築くことになる。


直純は、新日本フィルや「オーケストラがやって来た」の仕事に追われながら、毎年2本分の「男はつらいよ」の音楽を書くなど、従来通りの仕事もしていた。

1973年1月に始まったTBSラジオの「小沢昭一《おざわしょういち》の小沢昭一的こころ」のテーマ曲も作曲した。三味線などを使った軽妙な曲で、小沢昭一も後に「30年以上経てば、その時代の感覚とは微妙にズレたりするのに、これは不滅の新しさ」と述べている。なおこの番組は小沢昭一が亡くなる2012年まで続いた。

そんな折の74年10月、直純はアメリカへ行くことになった。ニューヨークの国連本会議場で開かれる国連デー（国連の誕生日）への新日本フィルの出演が決まり、直純自身もそこで演奏する新作を作曲したからだ。

この公演は、3年前、小澤が国連事務総長のハマーショルドに、日本のオーケストラを連れていく約束をしていたことに拠《よ》っていた。国連デーには各国のオーケストラが持ち回りで出演していた。そこで自ら創設した新日本フィルをようやく連れていくことができるようになった。したがって、直純への作曲委嘱も当然の配慮といえるだろう。

小澤は、桐朋学園大学の学生オーケストラを加えた150名の混成楽団を編成し、ヴィオラの今井《いまい》信子《のぶこ》とチェロの堤剛がソリストとして加わることになった。

直純と小澤は、そのコンサートを齋藤秀雄に指揮してもらうことを望んでいた。

ところが、齋藤は大腸ガンで入院してしまう。

「『小澤よう、俺、胃がいてぇんだよな』。齋藤秀雄先生がそう漏らしたのは73年の暮れだった」と小澤は語る。聖路加病院に行くとただちに入院を言い渡された。

齋藤も国連デーでの指揮を目標にしていたが、病はどんどん進行し、体は衰弱する一方だった。直純と小澤は、何度も病院に通った。

74年8月、齋藤は病院を抜け出して、桐朋学園恒例の志賀高原での夏合宿に参加した。初日は起き上がれず、2日目も練習に車椅子に乗って現れた。僅かな動きしかできない齋藤が弱々しく腕を動かすと、オーケストラはこれまでにない音を響かせた。チャイコフスキーの弦楽セレナード、モーツァルトのディヴェルティメントK136……。その場にいた弟子の指揮者の秋山和慶や尾高忠明、演奏する桐朋の学生たちは、みな涙が止まらなかった。後に録音テープで演奏を聴いた小澤も、もちろんそうだった。

「そんなに早く死にはしないよ。アメリカに行ってから死ぬんだ」。齋藤はそう言った。だが、叶わなかった。

小澤が9月に帰国して病院に行くと、もともと痩せていた体がさらに細くなり、痛みで会話もままならない。小澤はボストンに戻る予定を延ばして、直純と共に病院に詰めた。齋藤は顔を会わせるたびに「おまえ、ボストンに帰らなきゃいけないのか?」と尋ね、小澤は「大丈夫です」と答えていた。

9月17日深夜、秋山和慶が駆けつけた。ヴァンクーヴァー交響楽団の音楽監督を務めていた彼は、次の日にカナダへ戻る予定だった。

若き日に齋藤秀雄のもとで同時期に教えを受けた直純、小澤、秋山の三人——しかも全員多忙の上、二人は海外にポストをもっている——が、奇跡的に顔を揃えた。齋藤を看取ったのは、まるで天の配剤であるかのようにこの三人だった。

9月18日、齋藤は秋山の顔を見てすぐに息を引き取った。享年72。

第一章で、齋藤メソードについて記したが、小澤はこう語っている。

「先生が指揮法を体系化したことや、演奏技術について細かく言ったことで『齋藤秀雄の教え方は機械的だ』と批判する人が時々いる。でもそれは全然違う。先生が僕らに教え込んだのは音楽をやる気持ちそのものだ。作曲家の意図を一音一音の中からつかみだし、現実の音にする。そのために命だって賭ける。音楽家にとって最後、一番大事なことを生涯かけて教えたのだ」

この思いは、10年後の「齋藤秀雄メモリアル・コンサート」、さらには「サイトウ・キネン・オーケストラ」で一つの形となる。

国連デーのコンサートは、結局小澤が一人で指揮した。

事務総長のハマーショルドは、スウェーデン語で俳句を作るという人物。彼の作った俳句を、直純の藝大作曲科時代の恩師・池内友次郎が日本語に訳した。これに基づいて、「天・地・人」というテーマを直純が考え、三人の作曲家が書き分けることにした。「天」は安生 慶《あんじょうけい》（小澤の成城学園時代の同級生で、合唱団「城の音」の仲間）、「地」は一柳慧（N

響事件の際の「小澤征爾の音楽を聴く会」の発起人の一人）、「人」は直純が作曲した。

10月24日のコンサートのプログラムは、「オーケストラのための三つのスペース　天・地・人」と、R・シュトラウスの交響詩「ドン・キホーテ」（チェロ独奏：堤剛、ヴィオラ独奏：今井信子）。冒頭で齋藤秀雄を追悼し、桐朋学園オーケストラが齋藤の編曲によるベートーヴェンの弦楽四重奏曲第16番の第3楽章レントを演奏した。

このコンサートは、テレビ中継もなされた。筆者もそれを観て、「天・地・人」で能の観世栄夫《かんぜひでお》が、ハマーショルドの俳句の翻訳を謡いながら舞ったこと、中でも直純の「人」が圧倒的なインパクトを与えたことを記憶している。

「人」は、和太鼓（天野宣ほか）をフィーチャーした作品で、尺八（横山勝也）も参加。「序章」「除夜の鐘」「終曲」の3部分からなり、「除夜の鐘」ではハマーショルドの俳句の和訳「楡《にれ》の影　黒くて除夜の　墓覆う」が挿入される。途中までかなりシリアスに進行し、「終曲」に入ると和太鼓が活躍。エキサイティングな展開を遂げる。

「天・地・人」の初演は、紋付袴姿の独奏者が注目を集め、特に太鼓が好評を博した。

直純はそのときの様子をこう記している。

「演奏は大変な勢いで、まるで竹槍を持って突っ込んでいく戦争みたいに見えた。何しろ世界の檜舞台なので熱がこもっていた。観客は、甲子園で一塁に滑り込む選手を見ているように、みんな息を吞んで見守っている。しかも日本人は若く見えることもあり、その勢いにびっくりしてしまったのだ。

太鼓を叩いた天野さんたちも海外でのステージは初めてだから、ずいぶん緊張して、名演奏をしてくれた。だから、ボクの作曲した『人』はアンコールで聴衆が総立ちで、ボクは客席で聞いていたのだが、舞台に呼び出されて盛大な拍手を受けた。何度お辞儀をしても拍手が鳴りやまない。

そういう熱烈な歓迎というのは、日本ではあまり考えられなかった。初めて聞いた曲で、何度も舞台に呼び戻されることはあまりないのだ。しかしこの時は11回も呼び戻された」

国連での演奏後、一行はアメリカを一周し、パリのシャンゼリゼ劇場やロンドンのロイヤル・フェスティヴァルホール等でも演奏して帰国した。

「人」はヨーロッパ公演でも成功を収め、直純は「和太鼓は世界に通用する楽器だ、とつくづく感じた」と述べている。この曲はさらに後も、小澤がボストン響で取り上げ、直純自身も複数回演奏している。直純が「この作品はレコード化していないけど、ぜひみなさんに聞いていただきたい」と語る通り、これも見直されていい〝直純のクラシック作品〟

の一つだ。

なお同曲は、2007年に出された「山本直純CD選集 人生即交響楽」に、直純指揮／日本フィルの演奏で収録されている。初演から25年を経た1999年の録音ゆえに、楽曲のよりフラットな姿を知ることができるが、注目したいのは、ここで日本フィルを指揮している点。直純は袂を分かつ形になった日本フィルも、その後レコーディングで使うなど、こまやかな配慮を忘れなかった。

1976年12月、小澤にとっては、41年の引揚げ以来35年ぶりとなる中国訪問が実現した。同行したのは、母・さくら、次兄・俊夫、テレビマンユニオンの萩元晴彦、大原れいこ。演奏はしなかったが、中国の音楽関係者と交歓し、2年後の公演の下地を作った。小澤は、父・開作、齋藤秀雄、シャルル・ミュンシュの写真を入れた額を持参した。

開作は、「北京の碧《あお》い空をもう一度見たい」と熱望し、当時トロント響の音楽監督だった小澤に、「お前は音楽家なのだから、カナダ政府に頼めば中国に行けるんじゃないか。その時は俺も一緒に行く」と言っていた。小澤も手を尽くしたが、〝その時〟は実現しなかった。

78年3月には、ボストン響を率いて初の日本公演を行った。演目は、十八番のベルリオーズ「幻想交響曲」をはじめ、ブラームスの交響曲第3番、マーラーの交響曲第1番「巨人」や、ルドルフ・ゼルキンを独奏に迎えたブラームスのピアノ協奏曲第1番など。最終公演では、桐朋学園オーケストラとの合同演奏も実現し、チャイコフスキーの弦楽セレナードやレスピーギの「ローマの松」などを演奏した。また金沢公演の後には、石川県の山中温泉の旅館を借り切り、小澤の招待でオーケストラ全員が純日本風の宴会を開いた。このツアーは、小澤いわく「夢のような里帰り」となった。

そしてこの年の6月、中国人民対外友好協会の招きで訪中し、中国中央楽団を3日間指揮している。文化大革命後、初めて迎えられた外国人指揮者だった。演目は、ベルリオーズの「ローマの謝肉祭」序曲、中国の現代曲「二泉映月」と「草原の小姉妹」、ブラームスの交響曲第2番。この時は、母・さくら、長兄・克己、次兄・俊夫、弟・幹雄の一家全員が招かれ、北京・新開路にある昔の我が家を訪れて、そのときに暮らしていた住人から大歓迎を受けた。

なお、この訪中の模様は、テレビマンユニオン制作のドキュメンタリー「北京にブラームスが流れた日」としてTBS系列で放映された。

翌年3月、今度は米中国交正常化を記念したアメリカ政府派遣の文化使節としてボストン響と共に訪中。上海と北京で演奏し、中国中央楽団との合同演奏も行った。これは鄧小平《とうしょうへい》副総理が渡米した際に決定した特別公演で、ボストン響は6回の定期演奏会をキャンセルして中国へ赴いた。さらには12月に再び訪中し、中国中央楽団のベートーヴェン「第九」を指揮した。合唱は中国語で歌われた。

直純は、1976年のNHK大河ドラマ「風と雲と虹と」の音楽を担当した。ドラマは、平将門と藤原純友の生涯を描いた、加藤剛《かとうごう》、吉永小百合《よしながさゆり》等を主役とする平安中期の物語(原作：海音寺潮五郎)。直純が作曲し、NHK交響楽団が演奏したテーマ曲は、和楽器や合唱を用いた堂々たる音楽である。

この頃のNHK大河ドラマの音楽は、数回担当した冨田勲《とみたいさお》のほか、芥川也寸志、入野義朗《いりのよしろう》、武満徹、間宮芳生、三善晃といったクラシック界の著名どころが多く起用されており、直純も湯浅譲二《ゆあさじょうじ》の翌年、林光の前年に指名されている。これは、(テレビのキャリアが高く買われたにしろ)シリアスな音楽のクオリティが評価された証でもあろう。

なお直純は、88年の「武田信玄」の音楽も担当している。

76年からは、FM東京の音楽番組「新日鐵アワー・音楽の森」の初代パーソナリティを務めた。

ここで出会ったのが、この後深い付き合いをすることになるシンガー・ソングライターのさだまさしである。さだの話は非常に面白いので、しばらくの間、重点的にご紹介したい。

さだと直純の初対面は77年だった。

「僕の『雨やどり』という歌がヒットした頃だったと思います。直純さんが新日鉄の提供のラジオ番組を担当しておられて、僕が『元ヴァイオリン弾きで歌い手になった』というのを誰かが先生に吹き込んだ。そこでちょっと面白そうだから呼べということになったらしい」

さだはかつて、クラシック界に多くの有力奏者を送り込んだ大教師・鷲見三郎にヴァイオリンを師事しており、そこに同じく鷲見に師事したことのある直純が興味をもったようだ。

「そしたらもう会うなり意気投合して、話がどんどん盛り上がった。30分の番組だったけど、あっという間に過ぎて、直純さんに『なんだおまえ、時間ねえのか』って言われたから、『いや、今日はこれしか入ってないです』『よし。じゃあ来週分も録ろう』と。それが終わったら『おまえ、今日は何もないんだな』『ないです』『よし。じゃあもう一週分録ろう』となって、結局1カ月分ぐらい録っちゃった（笑）。そこで直純さん、『これでおまえ、1カ月遊んで暮らせるんだ、俺は』とか言いながら、いきなり『鮎つかみに行くから来い』と。どうやら厚木の方らしいんだけど、『鮎つかみ』なんて何にもイメージがわかない」

直純らしいいきなりの誘いに、さだが戸惑うのも無理はない。しかも「鮎つかみ」？

「『どこどこの旅館に、夕方までに来い』と言われて、ともかく行ったら、河原の岩をどけてプールを作り、業者が来て、鮎の入った水をざーって入れた。その池みたいなところで、直純さんが『さあ、つかめ！』って言う。『いや、つかめって言ったって……』『こうやってつかんでこう。わー！　ほらほらほらほら！　つかめ、つかめ、つかめ！』と、もうはしゃいじゃって。俺もつかむんだけど、『先生、これ楽しい？』て言うと、『バカ、おまえ、楽しいじゃねえか、おい。鮎なんてつかんだことねえだろ』と。確かに経験はないけど……。直純さんは『この後、これ、みんなで食うんだ』と言って、その日はもうずーっと鮎を食べさせられてね。翌朝仕事があったのに、『泊まれ！』と言われて、夜もさんざん飲まされた。それが付き合いの始まりでしたよ」

何とも凄い始まりだが、これをきっかけに、二人は何度も会うようになった。

「それからは、妙に気に入られ、あちこちに呼ばれました。『メシ食うぞ、酒飲むぞ』と」

そして生まれたのが、さだまさしの大ヒット曲「親父の一番長い日」だった。

この曲は、直純と新日本フィルが主宰していた夏の軽井沢音楽祭のために、直純が依頼したもの。したがって直純が編曲することは決まっていた。歌は、一人の女性の誕生から結婚に至るまでの歩みと、その成長に一喜一憂する父親の姿を描いた、12分半もの大作。それを、親父ではなく兄の目線で追っていく発想がまた素晴らしく、涙なくしては聞けない。

「78年の春先、僕が大阪のフェスティバルホールでコンサートをやった日に、直純さんは京都の南座でコンサートをやっていた。そしたら『京都へ来い』と言われて、コンサートが終わってから飛んで行ったんです。そこで鰻を食べた後、直純さんと二人っきりで、先斗《ぽんと》町《ちょう》の鳩っていう小さなスナックへ行きました。すると直純さんが『全国の親父をおいおい泣かせるような、25分の歌を書け』と言う。これが『親父の一番長い日』を作るきっかけでした」

さだが「先生、歌っていうのは大体3分とか5分に決まっているんですよ」と言ったら、「それは、テレビやラジオに騙されているんだ。音楽に時間制限があるのはおかしい。シューベルトを見ろよ」「俺『冬の旅』は書けないよ」といったやりとりがあって、弱りつつ書いたという。

「僕は、軽井沢に行ったことがなかったので、6月の梅雨時に何日か泊りがけで行ったんです。すると土曜のお昼に旧軽井沢の教会で結婚式を見かけて、『あ、これだな』と思いました。教会で結婚式を挙げる家族をテーマにして、お父さんを浮き彫りにする歌を書こう、それなら長いのが書けるだろうと。でも結局、直純さんが編曲で1分近い間奏を入れてくれてやっと12分半。25分には到底及ばなかった」

直純が25分もの曲を書けと言ったのは、次の理由によるものだった。

「力が要るんですよ、長い歌を書くっていうのは。ただ長いだけなら繰り返せばいいのだけど、絶対に飽きられる。ラヴェルの『ボレロ』だって25分ないでしょ。飽きられないような25分の曲を書くのは、作曲家にとっては凄く大変なんです。それを味わわせたかったのだろうし、25分というのは直純さんの体感速度だったと思います。自分も作曲家だから、25分の歌を書けたら一人前だぞと。僕はいまだに書けてないから半人前なんだけど」

加えてこうも話す。

「ただ長ければいいわけではなくて、長い意味がないといけない。そうすると、妹が生まれ、小学校へ行って、中学校へ行って、高校へ行って、就職や失恋などさらに広げていけば、25分にならなくもないけど、やはり楽曲の歌詞のテンポっていうのがあるので、もうあれが限界でした。あれ以上引っぱるともう飽き飽きする。あの辺までだったらストーリーと長さが見合っているんです」

さだはともかく書き上げ、「ギター1本で歌っているデモテープを直純さんに渡し、アレンジも終わった」。ところが「そこに直純さんが例の事件を起こし、軽井沢音楽祭も辞退してしまった」

「例の事件」とは、1978年8月6日の交通違反スキャンダルである。

まず直純自身が語る顚末《てんまつ》を要約するとこうなる。

「その日は妻の正美と一緒に『寅さん』を見に行った。夜7時に写譜屋が家に来ることになっていたので、早く帰らなければと気になっていた。車は当初正美が運転したが、まどろっこしい運転だったのと、正美が途中で気持ち悪くなった。『お茶を飲んで休みたい』

と正美は言うが、『そんなヒマはない』と言ってケンカになってしまった。正美は興奮すると右手が動かなくなるという変な持病があって、やむなく免許証が切れているボクがハンドルを握った。

500メートルほど運転して三田に着いた時、交番の巡査が、自動車の無灯火の取り締まりをやっていた。そこへ通りかかったボクは、不審な車がいるということで職務質問を受けた。その時は夏だったので、7時頃でもけっこう明るく、無灯火でも運転できた。だが三田署では、当時、芸能人が麻薬取締法違反で検挙されたことがあった。タレントまがいの直純が女性を乗せて、夏なのに窓を閉め切って走っている。これは何かおかしいと感じたという。巡査はボクを呼び止めたのに、止まらずにそのまま彼を引きずったということで、公務執行妨害とされた。だが警官を引きずった覚えは全くなかった。

その日は日曜日だったので、翌月曜日に丸の内署へ出頭した。すると警視庁詰めの記者は取材に来るし、テレビのワイドショー番組にも取り上げられた。後日、実地検証を4回もやらされた。しかし窓枠には警官の手の跡が見つからず、結局不起訴となった。

にもかかわらず、タレントが悪いことをしたのに、警察は何をやっている。有名人だから不起訴なのかと、週刊誌に書かれたりした」

補足すると、直純は公務執行妨害罪と傷害罪に問われ、8月10日に書類送検されると共に謝罪会見を行った。それらの罪では不起訴となったが、無免許と無灯火による道交法違反で東京簡易裁判所に略式起訴され、10月2日、罰金5万円の略式命令を受けた。

この事件、マネージャーだった小尾も、「直純さんが無免許で奥さんを乗せて、一号線の三田通りで警官を引っ掛けたというのだけど、『止まれ』って言ったのに行ってしまっただけ」と言っている。

だが、当時深い付き合いをしていたさだまさしは、「もう時効だから言ってもいいだろうけど、あの交通違反は、奥さんがやったのをかぶってる。奥さんの代わりに自分が捕まろうとした」と話す。

もしこれが真実ならば、全く別の話になるし、妻を愛していた直純ならば有り得るかもしれない。

ともあれ、この一件はことのほか大きく報道された。

小尾いわく「あの頃、芸能人のスキャンダルが取り上げられた時期で、それでどの新聞にも、これ以上ないほど大きく出た」

ただ、「悪意を持って書きたてられたようなところがあるし、直純さんは音楽家なのに芸能人扱いだったから、芸能人の不祥事と受け止められたのが残念」とさだが言うように、通常の指揮者や作曲家ならばここまで大事に至っていなかったのは間違いない。それは当然話題性の有無。当時の直純は、世間的に見ればタレントだった。言い換えればそれほどまでにメディアで活躍していた有名人だった。加えて（実際はともかく）あの陽性のキャラクターと事件とのギャップが、事をより大きくしてしまったように思う。

直純は、1年半の間、表立った活動を自粛した。

小尾は「日本中のオーケストラで出演を予定していたところには、全部頭を下げて回り」、「オーケストラがやって来た」は、石井眞木《いしいまき》、岩城宏之、大町陽一郎《おおまちよういちろう》が代役で司会を務めた。さだまさしも「直純さんがやっていたラジオ番組を1年くらい代わりに引き受けた」と語る。

ただ直純によると、「その間の仕事はケースバイケースで、映画音楽は担当させてもらったり、ラジオなどで応援してくださったスポンサーが、生活に困らない程度の仕事をくださった」というし、心配した江戸英雄が三井クラブで「直純を励ます会」を開いたりもしている。

これらに対して直純は、「ボクを励まし、応援してくださるみなさんの気持ちは大変ありがたく心から感謝した」。そして「師である齋藤秀雄先生が生前おっしゃっていた『人間は傲《おご》ってはいけないのだ』という言葉をかみしめた」と語っている。

だが個人的に、というよりもクラシック音楽界にとって痛恨の極みは、この事件によって、NHK交響楽団の定期演奏会への出演が断たれたことだ。

この78年の事件前、「世界の表舞台に立つべき才能が、メディアに消費されてしまう」と憂えた岩城宏之が、小澤征爾と示し合わせ、都内の寿司屋に直純を呼び出した。

彼らが「こっちに戻ってこい。オレたちとまた一緒にやろう」と言っても、直純はなかなか首を縦に振らない。根負けして「わかったよ、ありがとう」と言った直純の声は涙にかすれていた。（N響の正指揮者だった）岩城は、N響を振る機会を整えた。しかし交通違反スキャンダルによって、その機会は立ち消えになった。

さだまさしも、「岩城先生も『N響を振ると、直純の力がはっきりわかるから』と、段取りをされていたんですよ。ところが日取りまで決まっていたときに事件が起きちゃった。直純さん、ほんとついてなかった。だから指揮者としては正当な評価を受けないままでしたね」と語り、長男・純ノ介も「このときN響の定期演奏会を振っていたら、もうちょっと親父はしゃきっとした指揮者になったかもしれない」と残念がっている。

ただ直純は、この年の3月25日にNHKホールで行われた「第39回青少年のためのプロムナードコンサート」で、初めてN響を指揮している。これはライヴCDがリリースされており、そこにはブリテンの「青少年のための管弦楽入門」、ルロイ・アンダーソンの「プリンク・プレンク・プランク」「トランペット吹きの子守歌」「フィドル・ファドル」、レノン&マッカートニーの「イエスタデイ」「ヘイ・ジュード」が収録されている。

これらは直純ならではの愉しい演奏だが、凄いのは「青少年のための管弦楽入門」だ。オーケストラの楽器紹介を兼ねたこの曲は、音楽だけの演奏もあれば、スコアに記された解説をまじえるケースもある。長さは、ブリテン自身が指揮する録音で16分半。それをなんと直純は、独自の解説を加えながら、49分もかけて演奏している。内容はユーモアたっぷりで明快な――しかしレベルは高い――直純節だが、これを天下のN響との初共演でやり通すとは、さすがというべきか大胆というべきか。様々なパートを一人で吹かせるなど、楽員に対する遠慮がまるでなく、こんなことをやらせて大丈夫か？　と心配にさえなってくる。

とはいえこれは、直純のフィールドともいえるコンサートだ。オーケストラの勝負どころである定期演奏会——特にN響の——となれば、重みがまったく違う。その際のメイン演目には、直純が愛し、新日本フィルの定期でも指揮したブラームスの交響曲第1番が予定されていたという。

N響定期への出演がもし実現していれば、その後の彼の活動と評価は、似た才能を持つバーンスタイン級へと、大きく変わっていたかもしれない。そこに起きた交通違反スキャンダル……これはもう運命だったのだろうか。

1978年の軽井沢音楽祭、さだまさしは直純抜きで「親父の一番長い日」を歌うことになった。直純の代役として、盟友の指揮者・岩城宏之が駆けつけた。だが、さだは最初歌うのを渋った。

「『直純さんが来ないんだったら、僕も初演はやめる』って言ったんだけど、岩城先生が代わりに来てくださった。でも前の日の夜に僕が『直純さんのために書いたんだから、明日無理にやる意味はないよ』って言ってるのを、スタッフが岩城先生に大げさに伝えたらしく、岩城先生が夜の9時半頃、僕のコテージまでビールを持って口説きに来てくださった。結局は飲んで盛り上がって、『明日頑張りましょう』てことになったんだけど。まあやっぱり岩城先生と直純さんの友情っていうのは、凄いなあと思いましたよ」

直純は、さだがギター1本で歌っているデモテープを、岩城にも聞かせていた。

「直純さんが『こんな歌書いてきたバカがいるんだ。俺、これからアレンジする』って言うので、岩城さんは『直純、触れば触るほどこの楽曲が損なわれるから、おまえ、なんにもするな』と諭したらしい。でも岩城先生は、『それがごちゃごちゃと直純が書いてきましてね。だけど、友達だからではなく、彼の名誉のために胸を張って言うけど、これは一世一代の名アレンジですよ』とおっしゃった。だから直純さん、すごい頑張ってやってくれたんだなあと思いましたね」

翌日の初演で、長い間奏の時にさだが振り返ると、岩城が泣いているように見えた。

「汗をがーっとかきながらね。それで最後、目のところをタオルで拭ったのを覚えてます。『ああ、岩城先生、汗かきだけど、もしかして泣いてくれてるのかなあ』って。まあ汗かもしれないけど、見ていた人は泣いていると思ったでしょうね」

この曲の直純のアレンジの見事さは、さだも認めるところだ。

「素晴らしいですよ。特に間奏の美しさは例えようもないですね。聞いていると、今も涙がこぼれそうになるくらい。ああいう曲をあえてベタな厚ぼったいアレンジにしない。いや、すごいですよ。あれは作曲家・山本直純の面目躍如ですね」

翌79年の軽井沢音楽祭には直純も来て、再びこの曲を演奏している。

「それ以外のコンサートでも、直純さんとはよく一緒にやりました。『親父の一番長い日』も歌舞伎座でライヴをやって、その演奏を30センチLPサイズの45回転シングル盤でリリースしました。12分半の楽曲だから『先生、シングルじゃ無理だ』って言ったら、直純さんは『でかいのにすりゃあいいじゃん』と。『そりゃそうだけど……』『でかいのだったら入るだろ』『いや、それは入りますよ。でも先生、B面どうするの?』『おまえが作りゃあいいんだ』。辛かったー、これは。だから12インチシングルを(個人アーティストでは)僕が初めて出した格好になった」

「親父の一番長い日」は、79年10月にリリースされ、前作「関白宣言」に続いてオリコンシングルチャート1位を記録した。ちなみにB面の「椎の実のママへ」も8分43秒の曲。変則サイズの「親父の〜」は、ラジオなどで回転数を間違える事故がしばしば起きたという。

さらにこの後、直純は新日本フィルを指揮して、さだまさしの歌をインストゥルメンタルに編曲した「一番街の詩」を録音し、80年1月にリリースした。「精霊《しょうろう》流し」「秋桜《コスモス》」

など18曲が収録されたLP2枚組のアルバムで、そのアレンジには、さだも「これ聴いたとき、あらためて山本直純は天才だと思いました。直純さん『秋桜』をバロックにしちゃいましたからね」と唸《うな》っている（これは後にCD化もなされたが、その際には「無縁坂」「案山子」など4曲がカットされている）。

「交通違反の後の方が濃密に付き合った」と語るさだまさしは、謹慎中の直純の相手もした。

「あの事件が起きて、直純さんも暇になっちゃったから、その年の9月に『先生、旅行しようや。不知火《しらぬい》を見に行きましょう』と誘った。夜中になって花火が上がったら不知火が出たという合図。パンパンパーンって上がったので、みんなで真っ暗闇の中を走っていった。もう夜だから直純さんがいてもバレないと思っていたし、謹慎してたから目立たないようにとも思ったんだけど、直純さんが『不知火だ！　万歳、万歳』って叫ぶもんだから、『直純だ、直純だ』と握手攻めになっちゃった。

その年の長崎くんちにも呼んで、桟敷をとったんだけど、それがいい席だったので、『先生、絶対目立っちゃだめだよ』って言ってるのに、もう盛り上がっちゃって、『万歳！

万歳!』って桟敷で立ち上がるから、NHKに全国中継されちゃった。『先生、全然謹慎じゃねえじゃん』と言うと、しょぼーんとしてるんだけど、『いやあ、悪かったよ』と言いながら、『つい夢中になっちゃってなあ』。もう子供だったね」

ここで、さだと直純の付き合いや、直純の酒の付き合いについてさらに触れておこう。さだは、直純とプライベートでも付き合った。

「軽井沢では、直純さんの新日本フィルと僕のチームで野球もよくしました。東京でもやったけど、軽井沢では球がよく飛ぶんで、特大のホームランを打ちましたよ。直純さんとはあちこち旅もしたなあ。京都や奈良へ行ったこともありましたね。あの人、歴史的なことってあまり興味ないけど、『これはきれいだ!』『これは美味しい!』といったのは好きだった。

思い出すのは、桜の頃になると呼ばれたフェアモントホテルの一階のバー。そこに直純さんの好きな桜があって、直純さんは『俺の桜だ』と言っていた。で『先生、植えたんですか?』と訊いたら、『そうじゃないんだ。さくらびとっていうのは、自分の好きな桜を決めて、1年に1回会いに行って、1年間のことを心の中で話をしながら酒を酌むんだよ』と言われた。ああ、これが直純桜《なおずみざくら》なのかと。フェアモントホテルはもうないけどね。

千鳥ヶ淵にはきれいな桜がいっぱいあるのに、なぜかホテルのバーの前のたいしたことない桜だった。でも直純さん、好きだったんだなあ」

さらにこうも話す。

「僕は大阪のホテルプラザでコンサートの終了後に飲んでいたんだけど、友人が直純さんについていたので、僕の動きを全部知っていて、広島で指揮した後に、最終便にギリギリ飛び乗ってやってきた。直純さん、翌朝早く仕事があるから最終便で東京に帰らないといけないのに、『なに、まさしが大阪にいるのか』ともうそわそわしだして、ふと気付いたら新大阪で降りちゃったという。それで予想もしてないところへ先生が入ってきたから、『えー』って。友人はものすごい暗い顔して、『もう大変なんだよ。明日の朝一番から仕事なんだから。始発の新幹線で帰っても間に合うかどうか』って言ってたけど、間に合ったみたいよ。でもその頃の直純さんは、朝2時3時まで飲んでも、5時過ぎに起きて、譜面を読んでいた」

直純との酒付き合いに関しては、松原千代繁もこう語る。

「僕は音楽会の後の食事などはあまり付き合わないんだけど、直純さんとは、ときどき酒飲みに行ったり、食事に行ったりしました。それで直純さん、酔っ払って朝の4時や5時までフラフラしている。『もう直純さん、そんなことしてたら死ぬよ』って言っても、『いや、まあまあ』と。『もう帰ろう』と言って、奥沢の自宅へ連れて行ったら、『タクシー降りねえ』と駄々をこねる（笑）」

平佐素雄も、小澤のマネージャーながら、直純と飲んだ。

「コンサートの後に行くと、直純さんは寝ないですむ人だから、朝の4時ぐらいまで飲んでる。こっちは『いいかげん帰してくださいよ』と言うんだけど、『まあまあまあ』とか言ってね。朝まで付き合ったこともありますよ。小澤さんが行くから、一緒にくっついて行く感じですけどね。小澤さんは『明日があるから』とか言って、途中で逃げたりしますけどね。でも直純さんは『まあ、まだいいだろ』って言う。彼は寝なくていい人なんですよ。いつも『3時間寝れば大丈夫』と言ってました」

ちなみに直純自身は、「いつもストレスを発散して飲むから、次の日には二日酔いは滅多にないが、ときには朝まで飲んで、次の日何をやったか覚えていないこともあった」と記している。

それにしても、小澤が飲みに付き合っていたというのは、若干意外な感もある。だが平佐は「小澤さんは好きですよ、ああいうの」と話す。

「そんなに大酒飲みではないけど、お酒が好きだし、わいわい騒ぐのも好きです。ただ、形式ばったことは嫌いです」

ざっくばらんに飲むのがいいとは、ますます意外だ。

「新日本フィルを連れて一週間ぐらい演奏旅行するときも、楽員とのコミュニケーションを図るために必ず毎晩誰かと飲んでいました。まあ、情報収集の場でもあるんですけどね。ときどき全員招待して、パーティーなどもやっていましたよ。小澤さん、そういうところは気前がいいんです。メンバーに払わせるなんてことも絶対にしない。彼が『おい。ちょっと払っておいてくれよ』っていう感じで僕が払う。自分がレジ行ったら格好悪いから。そのへん気を利かせて払ってあげて、もちろんあとで返してもらう。別に格好つけているわけではないし、みんなに好かれたくて払ってるわけでもなく、『指揮者っていうのはそういうもんだ』といった感じ。やはり親分肌ですよね」

1979年、直純は謹慎中ながらも、大竹しのぶ主演のミュージカル「にんじん」の音楽を担当した。日生劇場での公演は、大竹しのぶの好演と直純の音楽が大評判になって、連日超満員だった。

このミュージカルで脚本と作詞を担当した作詞家の山川啓介《やまかわけいすけ》は、直純が作曲した「おーい海!」の歌詞も書いている。そのとき直純は詞を勝手に変えたのだが、「にんじん」でも同じことをやった。しかし山川は「『直純先生なら仕方ないな』と納得させられるばかりです。人徳としか言いようがありません」と述べている。

なお「にんじん」は、2017年、38年ぶりに再演され、20代で少年役を演じた大竹しのぶが、60歳で再び同役に挑戦することで話題を呼んだ。

この頃、直純のもとに、嬉しい話が舞い込んできた。

ボストン・ポップス・オーケストラの指揮である。

ボストン・ポップスは、ライト・クラシックの世界最高峰ともいうべきオーケストラだ。ボストン交響楽団が、夏のオフシーズンなどに行うポピュラー・コンサート用に編成したオーケストラで、基本的には同楽団の首席奏者以外のメンバーで構成されている。ただしボストン響本体の活動が始まると、フリーランスの奏者を中心とした特別契約のメンバーに交代する。とはいえ、層の厚いアメリカの辣腕《らつわん》奏者たちが集まるので、演奏水準は極めて高い。

1885年創設と歴史は古いが、その名を世に広めたのは、1930年から79年まで長期に亘って常任指揮者を務めたアーサー・フィードラーである。彼は、通常のクラシックの名曲から行進曲、映画やミュージカルのナンバー、ポピュラー・ソングまで様々な作品を、明快なオーケストラ・アレンジで演奏し、多数のレコード録音を通じて一世を風靡した。中でも、「ラッパ吹きの休日」「タイプライター」「そりすべり」などでおなじみのルロイ・アンダーソンを見出し、ライト・クラシックの代名詞的な存在に押し上げたことで知られる。

これを見てわかるように、まさしく直純に打ってつけの舞台だ。しかし、無名の日本人指揮者が起用されるにあたっては、ボストン響の音楽監督たる小澤の力が働いたと考えるのが自然だろう。最大限の邪推をすれば、「交通違反スキャンダルで意気消沈する直純を励まそうと、友人である小澤が起用をプッシュした」となる。

ただし、この件について小澤自身は、「直純さんが指揮しに来てくれた」程度のことしか語っていない。

直純のマネージャーである小尾旭も関わっておらず、「事件の翌年の6月か7月にボストン・ポップスに来いと言われた。これはやっぱり小澤さんが、ひと言口をきいてくれたのではないかと思います。ただ日本の関係者は私を含めてほとんど誰も行っていないし、直純さん本人も『小澤がやってくれた』とは言っていない」と話すにとどまる。

とはいえ松原千代繁は、「小澤さんが直純さんをお呼びになった。あそこは面白いところで、舞台の上から指揮者だけ撮ってる映像というのがあるんですよ。さらに下手袖に穴が一つ空いていて、そこから指揮者の表情や指揮ぶりが見えるのですが、小澤さんも直純さんの指揮を見て、『あれはほんとにかなわん』と言っておられた」と話し、小澤のマネージャーの平佐素雄も「小澤さんが直純さんの力になった」と口を揃える。

直純は、この年「ジャパン・ナイト」と称して日本の曲ばかりを指揮した。

彼はさらに翌年も招かれ、ドヴォルザークの交響曲第9番「新世界より」やシンフォニック・マーチを振った。

そして「楽団と聴衆が一体となって音楽の歓《よろこ》びを味わっているこのオーケストラは、ボクの〝音楽を市民の皆さんに近づける〟願いにとって、たいへん参考になるものだった」と述べている。

79年7月10日、フィードラーは85歳で亡くなり、翌年には、「スター・ウォーズ」「ジョーズ」ほか膨大なヒット作で知られるハリウッドの大家ジョン・ウィリアムズが、ボストン・ポップスの常任指揮者に就任した。つまり直純は、大きな変わり目の時期に客演したことになる。

平佐はさらに踏み込んでこう語る。

「直純さんの出演は、フィードラーが亡くなった直後。小澤さんは、直純さんがボストン・ポップスに向いていると思って呼んだのではないでしょうか」

ただ、ポップスといっても欧米の場合は社交的で紳士的なスタイルが主流。直純は、いつも通りに面白おかしくやろうとして、賛同を得なかった可能性もありそうだ。

何にせよ、2度招かれたのは、一定の評価を得た証であろう。

直純はこれを機に〝日本のアーサー・フィードラー〟と呼ばれることになる。

1980年以降も、〝世界のオザワ〟の活動は活発だ。

音楽監督を務めるボストン響を定期的に振るのはもちろん、ベルリン・フィルにたびたび客演し、パリ・オペラ座、パリ管、フランス国立管、バイエルン放送響、ザルツブルク音楽祭など一流の舞台に出演。80年3月には、プッチーニの「トスカ」で、ミラノ・スカラ座にもデビューした。81年10月にはボストン響の創立100周年記念公演を指揮し、記念の世界ツアーで再び日本を訪れた。82年5月には、ベルリン・フィルの創立100周年記念公演も指揮し、8月には、ザルツブルク音楽祭で12年ぶりにウィーン・フィルを指揮。11月には、大阪のザ・シンフォニーホールの杮落とし公演に出演し、新日本フィルを振ってベートーヴェンの「第九」を演奏した。

細かく書き出すとキリがないので短く触れたが、まさに順風満帆と言っていい。

1980年、直純は「オーケストラがやって来た」に完全復帰した。

この年には、東映映画「二百三高地」の音楽を担当した。日露戦争の旅順攻囲戦における、日露両軍の二百三高地の攻防戦を描いた長編映画で、主題歌の「防人の詩」と劇中歌の「聖夜」を、さだまさしが作詞・作曲して歌った。

さだのヒット曲のひとつである「防人の歌」の1番は、わずか15分で書き上げられた。

「僕が出た映画『翔べイカロスの翼』のロケで新潟にいた時、僕の友人だった直純さんのマネージャーが来て、『まさしさん、主題歌を今日いただいて帰らないと、私もう、直純に絞め殺されるんです。どうかどうかお願いします』って言われた。ご飯食べに行きたいんだけどもう仕方なく、『じゃあちょっと待ってて』と言って、『防人の詩』のワンコーラス目だけ歌詞を書いてメロディーを乗っけて、カセットに録音した。そしてそのテープを渡し、『これ、ワンコーラスだけ入れてありますから、あとは直純さんの都合で何番まで書けばいいか聞いてください』と言ったら、『ああ、これでもう帰れます』と彼はホッとして、その日の新幹線で帰った。そしたら翌朝寝てるところに直純さんから電話があって、『まさし！　六つ！』。どうやら6番まで書けってことらしい。それに舛田利雄《ますだとしお》監督にこれを聞かせたら、すごく喜んで『一部二部の間のところで全曲流したいから、もっと長い歌にしろ』と言われ、結局あんな長い歌になった」

なお、映画での歌は直純の編曲だが、オリコン2位を記録したシングル盤は渡辺俊幸《わたなべとしゆき》の編曲である。

「聖夜」もまた小一時間で作られた。

「東京に戻ってきたら直純さんが『今日スタジオへ来てくれ』って言うので、『またなんかあるのか』と思ったら、いきなりスタジオにモニターテレビとビデオ・デッキを持ってきて、『これ、とにかく見ろ』『金沢出身の兵士が死んだ後に魂だけが家へ帰るという、その悲しいシーンに歌を書け、今書け、30分以内に書け』と。それで無理やり作って『先生。こんなのどうですか？』『よし、最高だ！　じゃあいま録るぞ』『え？』『いま録るんだ』。で、録った音源に、あとで直純さんが弦をかぶせた。あの人はもう何でもありだったし、僕が勝手に弾いたものに、オーケストラをぴったり乗っけたりするのは普通にやってた。ほんとすごかったね。彼は作曲家としても超一流だったと思います」

直純はこの映画で、第4回日本アカデミー賞の優秀音楽賞を受賞している。

さらにさだは、80年の軽井沢音楽祭のために「大きな森の小さな伝説」を作った。直純から「関白宣言」のアンサーソングとして依頼された、やはり8分ほどの長い歌で、直純のアレンジが実に美しい。

81年、妻・正美（48歳）と長男・純ノ介（23歳）が東京藝術大学大学院に同時に合格した。

そして同年、直純夫妻の銀婚式を記念して「山本正美&直純ジョイント・リサイタル」が東京文化会館小ホールにて開催された。

この公演は、当時の新聞で「会場は満員の盛況。おしどり作曲家らしく、正美夫人が作曲した歌曲集『軽井沢の四季』では、夫人が指揮棒を振り、直純さんがピアノを担当するなど、温かなムードに包まれ、クラシックを愛する夫妻の本領を十二分に発揮した」と伝えられている。

そこで初演するために書かれたのが、直純の室内楽・器楽作品の代表曲ともいえる「八

重奏曲 幻想曲――仲間たちへ――」である。

有名なシューベルトの八重奏曲と同じ編成で書かれたこの曲は、東京八重奏団によって初演された。メンバーはNHK交響楽団の首席奏者たち。ヴァイオリンが徳永二男《とくながつぎお》、山口《やまぐち》裕之《ひろゆき》、ヴィオラが菅沼準二《すがぬまじゅんじ》、チェロが徳永兼一郎《とくながけんいちろう》、コントラバスが中博昭《なかひろあき》、クラリネットが内山洋《うちやまひろし》、ファゴットが霧生吉秀《きりゅうよしひで》、ホルンが田中正大《たなかまさひろ》と、超豪華な顔ぶれだ。

曲は、美しいメロディに基づいて自由に展開される18分ほどの音楽。当日のパンフレットに書かれた直純の解説が、彼の生き方を端的に物語っている。

「クラシカル（古典的）な手法によるロマンチック（浪漫的）な音楽を、現代の聴衆が愛し、親しむ――ということは事実であり、真実だと思う。然るに、現代の作曲家は、これを顧みず、常に新しいものを追求する。

日本の作曲家や先生方は、現代音楽とは、難しいものでなければならぬ――と思い込んでいるのかも知れない。

もちろん、モーツァルトやシューベルト、メンデルスゾーンといった天才たちには、及びもつかないけれど、演奏家や聴衆たちが、肩の凝らぬ楽しい気分で親しめる作品があってもいいではないか。

ベートーヴェンに一寸ばかり毛の生えた程度の三和音中心の音楽で充分なんだ。元来、室内楽とは、粋で楽しく、いわばサロニズムの三昧境に浸れるものでありたい――とそんな気持ちから、日頃お世話になっている仲間たちに贈る、ファンタスティックな『ファンタジア』をものしたつもりである。

曲は、素直なソナタ形式に基づく、何の変哲もないディヴェルティメント風一章であるが、発展部では、各パートの名手たちに御活躍を願うため、いささかユニークな仕立てとなった。幸いにして好評なれば、更に楽章を重ね、本格的なディヴェルティメントとしたい」

もしそうなっていたら、この編成のレギュラー・レパートリーが、日本から誕生していたかもしれない。いや、2017年現在のトップ奏者たちによって04年に録音されたディスクを聴くと、そのままでも充分に魅力的だ。若干長いし、同じフレーズが何度も登場するが、これらもまたシューベルトを思わせる。時おり開かれているシューベルトの八重奏曲をメインにしたコンサートで、ぜひ取り上げられることを望みたい。

# 第五章　1万人の第九とサイトウ・キネン（1983〜2001）

1983年3月、「オーケストラがやって来た」が、終わった。72年10月から足掛け11年、全544回。クラシック音楽の普及に絶大な貢献を果たした同番組の終わりは、直純が直純らしさを最も発揮した時代、あるいは直純と小澤の友情全盛時代の終わり、いや一区切りでもあった。

直純は、番組の終了にあたって新作を書き下ろした。「シンフォニック・バラード」である。

「リソナンス」「ロマンス」「リメンブランス」「ダンス」の4曲からなる約23分の作品で、各曲「ンス」で終わるタイトルが、いかにも直純らしいセンスを感じさせる。曲はやはりメロディアスで明快かつ多彩な音楽だが、「リメンブランス（記憶、回想、追悼などを意味する）」には、葬送行進曲風の音楽が登場するなど、惜別の思いも込められている。これまた、時には演奏されてもいい佳品といえるだろう。

「シンフォニック・バラード」は、「オケ来た」の最後から6番目の回（第539回）で披露された。このあと番組は、アンコールや総集編を経て、最後の2回を小澤が締めており、最終回にはハイドンの「告別」交響曲などが演奏された。そのタイトル「告別は別れの言葉ではなく」に、終了への無念が滲《にじ》む。

しかし同年、直純にとって、「オケ来た」に代わるイベントが始まった。

「サントリー1万人の第九」である。

12月の第1日曜日、大阪城ホールに全国から1万人が集まり、ベートーヴェンの交響曲第9番＝通称「第九」の「歓喜の歌」を歌うという、壮大なコンサートだ。

83年の大阪城築城400年を記念した「大阪築城400年まつり」、および同年誕生した大阪城ホールの柿落としの一環として、大阪21世紀協会が企画したプロジェクトで、TBS系列の毎日放送（MBS）が主催、大阪を発祥とするサントリーが協賛し、当初は「サントリーオールド1万人の『第九』コンサート」と題して行われた。

クラシック音楽のイベントとしては破格の大規模公演は、練習を積んだ合唱参加者のほか、会場の一般聴衆も合唱に加わったことで話題を呼び、各地に生まれた「感動共有型『第九』」の先駆けとして、日本の「年末第九現象」をさらに推進。その後も毎年行われている。

直純は、83年の第1回から98年の第16回までの構成、総監督、指揮を担当した。

当初は、関西指揮界の大御所・朝比奈隆の起用が計画されていた。ただ一方で、大きなお祭り的コンサートには、朝比奈よりも直純の方が合っていると考える向きもあった。そこに朝比奈の「そういうことなら山本君しかいないよ」の言葉が後押しして、直純が起用されることとなった。

「朝比奈先生も『あれはもう直純に限るよ』って言っておられました。あれほどの大人数でやるときは、やはり直純さんのような指揮術、的確な棒さばきがないと無理です。単に『イベント系は直純だ』というのではなく、朝比奈先生もそうした面での直純さんの才能を評価しておられたのだと思います」と松原は言う。

直純は、素人の大合唱団を指揮することに不安を抱きながらも、「オケ来た」が終わったことに加えて、朝比奈の推薦を「勅命」と捉えて受諾した。

直純の脳裏には、「オケ来た」で聴衆による「第九」を企画した際、会場いっぱいの応募があり、小澤の指揮で演奏して大成功を収めた一件があったであろう。彼にとっては、それが「1万人の第九」の陰の出発点だった。

第1回は、83年12月4日に開催された。オーケストラは、大阪フィルハーモニー交響楽団、京都市交響楽団、関西フィルハーモニー管弦楽団の合同楽団。独唱は、ソプラノが桶本栄、アルトが伊原直子《いはらなおこ》、テノールが五十嵐喜芳《いがらしきよし》、バリトンが岡村喬生《おかむらたかお》。司会は武田鉄矢《たけだてつや》、ゲストは宝塚スターだった。

1万人の合唱団は3ヶ月の練習を経て臨んだ。7月に直純が、指導役となる大フィル合唱団と高槻市民合唱団を直接指導してポイントの統一を図った後、8月からグループ単位でレッスンが積み重ねられた。参加者の最年長は79歳の男性、最年少は9歳の少女。当時のサントリー社長・佐治敬三《さじけいぞう》（彼は亡くなるまで毎年参加した。サントリーホールの創設でもわかるように、クラシック音楽に理解が深い佐治の存在は大きかった）も参加した。

世界でも類をみないこの公演は大成功を収め、国内のみならず海外のニュースにも取り上げられた。しかも初年度の感動から「来年も歌いたい」との声が続出したため、当初は1回だけの予定だったが、以後も継続することになった。

84年の第2回では、「みんなで歌える新しい日本の歌を作りたい」との願いから、直純が藤本義一《ふじもとぎいち》の作詞による合唱幻想曲「友よ大阪の夜明けを見よう」を作曲し、第1部で演奏した。「第九」に合わせた、四人のソリスト、混声合唱、オーケストラの編成によるこの曲は、「夜明け」「間奏曲」「春の光は」「祭」からなる大規模な作品で、「おおきに あんじょうごきげんさん」といった大阪弁のフレーズがインパクトを与えた。

「友よ大阪の夜明けを見よう」は、第3回、第4回、第12回の公演でも演奏され、その後も折に触れて関西の合唱団が取り上げている。

第5回には、第1部でベートーヴェンの交響曲第5番「運命」の第1楽章を演奏し、第6回にはウィーン室内合唱団、平成に元号が変わった第7回にはベートーヴェンの生地ボン市フィルハーモニー合唱団、東西ドイツが統一された第8回にはベルリン・バッハ合唱団が参加。このときは直純が事前に渡独して、本場の合唱団を指導した。

第9回からタイトルが「サントリー1万人の『第九』コンサート」に変更された。第10回の記念イヤーには、「ベートーヴェンとブラームスが握手するコンサートにしたい」との思いから、ベートーヴェンの「第十」ともいわれるブラームスの交響曲第1番の終楽章に直純が詞を付けた「我らの地球《ほし》」を、千人の合唱と共に演奏した。タイトルは、宇宙飛行士・毛利衛《もうりまもる》が活躍したことに因《ちな》んだもの。チャイコフスキー没後100周年にあたる93年の第11回には、彼の交響曲第5番に直純が詞を付けた「理想の大地《ゆめのくに》」を演奏した。

直純はクラシックにタイトルや歌詞を付けるのが好きだった。

「ブラームスの1番は、直純さんが大好きな曲で、交響曲『大宇宙』と名付けていました。『1万人の第九』の時はさすがに『我らの地球』にしましたが、その後も直純さんはこれをすごくやりたがって、あちこちで演奏しました。それに、チャイコフスキーの5番も交響曲『ビクトリー』と名付けて、『そういう風に名前つけりゃあもっとみんなわかりやすくていいのにな』と言っていました。さすがにそれはやりませんでしたが、ブラームスの1番は、『我らの地球』のまま音楽之友社から出版しました。ほかにも、チャイコフスキーの『白鳥の湖』の『四羽の白鳥の踊り』や『くるみ割り人形』の『花のワルツ』にも詞をつけましたよ」と、ミリオンコンサート協会の二人は話す。

関西国際空港が開港した94年の第12回には直純作曲の「ファンファーレ 響け、世界の空へ‼」を演奏し、阪神・淡路大震災が起きた95年の第13回には、直純のアイディアによるオラトリオ「鎮魂・復活・希望」を演奏。神戸フィルハーモニックや神戸市混声合唱団など、被災地からも大勢の人が加わり、神戸と大阪城ホールを二元中継でつないで、「すべての人はひとつになる」というベートーヴェンのメッセージを歌い上げた。

大震災が起きた95年は、主催者サイドから中止の話が出た。

しかし直純は「俺はやりたい、どうしてもやりたい」と言った。「なんかアイディアないか?」と訊かれたマネージャーの岩永直也《いわながなおや》(詳しくは後述)は、「いきなり『歓喜の歌』ではなく、鎮魂と復活を経た歓喜にしましょう」と答えた。

「『鎮魂ファンファーレ』を直純さんが作曲して、大阪の市民バンドが奏する。そして『復活』を、被災地の神戸フィルハーモニック(指揮:朝比奈千足)が共に演奏し、『歓喜』に至る。そういった段取りを提案したら、主催者サイドがOKを出してくれました」

香港返還を前にした96年の第14回には、「アジア」とのコラボレーションが実現。直純が作詞・編曲したボロディンの「中央アジアの草原にて」を合唱と管弦楽で歌い上げ、中国、マレーシア、韓国、日本の各ソリストが各国の名曲をメドレーで繋いだ。「なみはや国体」のテーマ曲を書いたシンガポール出身のディック・リーも登場。「第九」にはアジアからの留学生による合唱団も参加した。第15回にはウィーン少年合唱団が参加。直純が最後に指揮した98年の第16回には、トランペットの日野皓正《ひのてるまさ》が出演し、生誕100年を迎えたアメリカの作曲家・ガーシュウィン（これも直純の十八番だ）の作品を披露し、直純が詞をつけたドヴォルザークの「ユーモレスク」を合唱した。

ちなみにこのイベントの合唱には、サントリーの佐治のほか、指揮者の朝比奈隆、ヴァイオリンの岩淵龍太郎《いわぶちりゅうたろう》といった楽界の重鎮や、将棋の谷川浩司《たにがわこうじ》、相撲の小錦《こにしき》など各界の著名人も参加している。

こうしてみると「1万人の第九」は、ただ大勢で「第九」を歌うだけでなく、時節を反映したアイディアを盛り込み、新たに作曲や編曲を行うなど、直純もかなりの力を注いでいたことがわかる。

また84年には、NHK連続テレビ小説「ロマンス」の音楽も担当した。「ロマンス」は、明治末期、北海道から上京して映画文化の誕生に情熱を注いだ青年の物語。榎木孝明《えのきたかあき》が主人公を演じた。朝ドラでは、67年の「旅路」以来久々の男性主人公のドラマで、直純が作曲（作詞：岩谷時子）し、芹洋子《せりようこ》と榎木孝明が歌った「夢こそ人生」は、朝ドラ初の歌詞入りのオープニング・テーマ曲だった。

85年には、世にも珍しい「物真似とオーケストラのための協奏曲（「みみくり協奏曲」とも呼ばれている）『動物の四季』」を発表した。これは、当時江戸家小猫《えどやこねこ》と名乗っていた四代目・江戸家猫八《ねこはち》の鳴き真似に触発された直純が、北海道で開かれたコンサートの目玉企画として作曲したもの。春夏秋冬の各々3曲・計12曲からなる組曲で、オーケストラがワルツ、セレナード、マーチなどを演奏する中、秋の虫をはじめ、馬、牛、熊といった約30種類の動物の声が登場する。

クラシック音楽と寄席演芸が合体した、おそらく直純以外は書けないであろうこの曲について、今は亡き猫八はこう語っている。

「ベートーヴェンの『田園』やメシアンなど、鳥のさえずりを取り入れた音楽はそれまでもありました。でも直純先生のすごいところは、曲の中に音符として鳴き真似を組み込んだこと。鳥の鳴き声も虫の音も、僕が曲に合わせて適当に鳴くわけではなく、ちゃんと音符になって回数も決まっている。僕がネタにしていた、ゴルフ場でミスショットを笑う池のカモまで入っていたんですよ。素晴らしい協奏曲を作っていただいた喜びは、今（2012年）でも新鮮なままですね」

この曲、猫八の存命中には、直純の次男・山本祐ノ介の指揮などで、時折演奏されていた。

86年には、松竹映画「キネマの天地」の音楽を担当した。この映画は、松竹大船撮影所50周年記念作品で、「男はつらいよ」と同じく山田洋次が監督し、渥美清も出演した。

本作は、昭和初期の松竹蒲田撮影所を舞台に、映画館の売り子だった主人公（田中絹代がモデル。演じたのは当時新人だった有森也実）が女優を志し、やがて主役に……といった物語。直純作曲のテーマ曲は、哀感を帯びた懐古調の音楽だ。

この映画で直純は、テーマ曲を含めて、映画「蒲田行進曲」の主題歌としておなじみの音楽を登場させている。同曲は元々、チェコ生まれの作曲家フリムルが25年に発表したオペレッタ「放浪の王者」の中の「放浪者の歌」に、堀内敬三《ほりうちけいぞう》が日本語の歌詞を付けたもの。29年の松竹映画「親父とその子」の主題歌として使用されており、松竹の蒲田撮影所の所歌でもあった。

さらには、88年のNHK大河ドラマ「武田信玄」の音楽も受け持った。中井貴一《なかいきいち》演じる武田信玄の生涯を描いた戦国絵巻で、直純にとっては、76年の「風と雲と虹と」以来2度目の担当だった。直純指揮するNHK交響楽団が演奏したテーマ曲は、勇ましく進軍するような主部に美しい緩徐部分が挟まれたダイナミックな音楽で、特に中間部の抒情性が素晴らしい名曲。歴代の大河ドラマの中でも人気の高い1曲となっている。

1983年、小澤は初めてベルリン・フィルとの録音を行った。曲は、ガーシュウィンの「ラプソディ・イン・ブルー」「アイ・ガット・リズム変奏曲」「キャットフィッシュ・ロウ」組曲(「ポーギーとベス」より)。これまで小澤は、ベルリン・フィルのコンサートには再三客演し、音楽監督を務めるボストン響とは多数の録音を行っていたが、カラヤン存命時に託されたこのディスクで、また一段ステップを上がった。

同年11月~12月には、パリ・オペラ座でメシアンの新作オペラ「アッシジの聖フランチェスコ」の世界初演を指揮した。フランスの巨匠メシアンが8年かけて作曲した、休憩を入れて6時間の超大作。変則7管編成の木管楽器、多数の金管楽器、ジオフォン(大地の音）やエリオフォン（風の音）を含む40近い打楽器、5台の鍵盤打楽器、3台のオンド・マルトノ、7人の独唱歌手、10パートの合唱を要する、総勢約240名の大編成曲で、小澤はメシアン本人から作曲開始時に初演を依頼されていた。公演はセンセーショナルな成功を収め、ライヴCDもリリースされて大絶賛を博した。これも小澤の大きな業績の一つだ。

84年9月、齋藤秀雄の没後10年を機に、小澤と秋山和慶の呼びかけで、教え子たちが世界から集まり、「齋藤秀雄メモリアル・コンサート」が開催された。

プログラムは、むろん齋藤ゆかりの作品。トレードマークの一つであり、齋藤が最後に指揮をしたモーツァルトのディヴェルティメントK136、小澤や秋山が散々仕込まれたシューマンの交響曲第3番「ライン」、齋藤が指揮するかもしれなかった国連デーの演目、R・シュトラウスの交響詩「ドン・キホーテ」（ソロは、当時と同じくチェロの堤剛とヴィオラの今井信子）、小澤たちが在学中徹底的に教え込まれたJ・S・バッハ（齋藤秀雄編）の「シャコンヌ」に続いて、指揮者なしでパガニーニの「常動曲」も演奏された。

コンサートマスターは、当時のベルリン・フィルのコンサートマスター・安永徹《やすながとおる》と、同じくN響の徳永二男《とくながつぎお》。ソリストの堀米ゆず子、和波孝禮《わなみたかよし》、久保陽子《くぼようこ》、加藤知子《かとうともこ》らが第1ヴァイオリンの後ろの席で弾き、チェロには、安田謙一郎《やすだけんいちろう》、岩崎洸《いわさきこう》、徳永兼一郎、山崎伸子《やまざきのぶこ》が居並び、クラリネットにベルリン・フィル首席のカール・ライスター、ティンパニにボストン響のエヴァレット・ファースが特別参加するなど、超豪華メンバーだった。

小澤は、「練習で『ディヴェルティメントK136』の第2楽章を合わせた時、思わず鳥肌が立った。そこに齋藤先生が立っている、と思った。音の出し方、心の込め方がぴったり合っていた。しかも今やみんなオーケストラ奏者やソリストとして活躍している。昔よりさらにすごい音が出た」と語っている。

この公演は、「齋藤秀雄メモリアルコンサート 1984」のタイトルでCD化されている。それを聴くと、単に技術レベルが高いだけでなく、音色と表現の臨時編成とは思えぬまとまり方に驚かされる。そして齋藤への思いが音魂となって迫る「シャコンヌ」には、熱い感動を禁じ得ない。

初日の大阪公演が大成功に終わった後、小澤はアメリカにいるマネージャーのウィルフォードに電話し、興奮を伝えた。ここに3年後スタートする「サイトウ・キネン・オーケストラ」、ひいては8年後にスタートする「サイトウ・キネン・フェスティバル松本」の足がかりが築かれた。

85年9月1日、小澤はタングルウッドで50歳の誕生日を迎えた。当日のコンサートでは、イツァーク・パールマンが突然ヴァイオリンの弓でボストン響を指揮して「ハッピー・バースデイ」を小澤に贈り、マサチューセッツ州のデュカキス知事は、「9月1日をオザワ・デイにする」と発表した。

86年10月には、東京のサントリーホールのオープニング・シリーズで、体調不良によりキャンセルしたカラヤンに代わってベルリン・フィルを指揮し、大きな話題を呼んだ。

87年9月、「サイトウ・キネン・オーケストラ」が正式に活動を始めた。最初の公演は、日本ではなくヨーロッパだった。小澤の「外国で認められなかったら日本ではダメだ」との考えから、ベルリン、ウィーン、ロンドン、パリなど6都市をまわり、小澤と秋山の指揮で、モーツァルトのディヴェルティメントK136、ブラームスの交響曲第1番などを演奏した。

ツアーは、ウィーンのコンツェルトハウスでの公演後に、ウィーン楽友協会（そのホールは、ウィーン・フィルのニューイヤー・コンサートなどで知られる世界最高峰の殿堂）の関係者から、「次は絶対うちに来てほしい」と言われるほどの成功を収めた。

このオーケストラは、前記のようにソリストや一流オーケストラの楽員が顔を揃えた豪華な団体だ。しかし一般に、「名手の集合体＝名オーケストラ」にはならない。サイトウ・キネン・オーケストラは、齋藤秀雄の教えに基づく統一された奏法や音楽観があってこそ、またそれを齋藤の愛弟子・小澤がまとめ、リードしたからこそスーパー・オーケストラたり得たといえる。彼らの驚異的な技量と、表現意欲が前に出る熱量の高い演奏は、これまでの日本にはなかったものだった。それゆえ内外から大きく注目され、メンバーがかなり変化した2010年代もなおスーパーであり続けている。

これら以外の小澤の世界的な活動は、むろん絶え間ない。

彼はますます順調のように思える。

対して、1980年代末から亡くなる2002年までの10年余、一般に伝えられている直純の情報がグンと少なくなる。

やはり、交通違反スキャンダルが尾を引いていたのだろうか？

「それは全くない！」と言下に否定するのは、89年に小尾の後を継いで担当マネージャーとなり、直純が亡くなるまでその任にあったミリオンコンサート協会の岩永直也。直純の長男・純ノ介いわく「父親が一番信頼していた」人物だ。

「その後も全く普通に仕事をしています。N響も振っていますしね」

そう、直純は交通違反スキャンダルで定期演奏会への出演こそ立ち消えになったが、N響のコンサート自体には登場していた。

復帰後の81年4月18日に「第28回N響ゴールデンポップス」でオペラの序曲などを指揮し、83年11月22日に千葉県松戸の聖徳学園で行われた特別演奏会では、意外なことに、ブラームスの「大学祝典序曲」、モーツァルトのピアノ協奏曲第26番「戴冠式」（ピアノ：花房晴美）、サン＝サーンスの交響曲第3番「オルガン付き」という、堂々たる純クラシック・プログラムを指揮した。

89年7月31日にはNHKホールでの「N響『夏』'89」、また他にも新潟県の六日町、神奈川県の小田原で、ジョン・ウィリアムズの「スター・ウォーズ」組曲などを指揮。東京では、外《と》山《やま》雄三《ゆうぞう》、林光、池辺《いけべ》晋一郎《しんいちろう》の作品の世界初演も行った。90年には、7月末の山形県鶴岡、神奈川県川崎、埼玉県飯能での公演と、8月1日NHKホールにおける「N響『夏』'90」で、ガーシュウィンの「パリのアメリカ人」や、外山雄三、林光の作品の世界初演を指揮。91年7月31日の「N響『夏』'91」と翌日の大阪公演では、バーンスタインの「ウエストサイド物語」の「シンフォニック・ダンス」やルロイ・アンダーソンの作品などを指揮し、やはり三枝成彰《さえぐさしげあき》と廣瀬量平《ひろせりょうへい》の作品の世界初演も行った。

こうしてみると、少なくともポピュラー名曲の分野に関しては、N響からも信頼されていたことがわかる。

このうち、89年の「スター・ウォーズ」組曲、90年の「パリのアメリカ人」、91年の「ウエストサイド物語」の「シンフォニック・ダンス」、ルロイ・アンダーソンの「ラッパ吹きの休日」「シンコペイテッド・クロック」、ガーシュウィン（山本直純編）の「スワニー」のライヴ録音が、先に触れた78年の「青少年のための管弦楽入門」などと併せてCDリリースされている。

それを聴くと、もちろん日本のトップ楽団による華麗な演奏には違いないが、こうした〝ライトな〟作品を、軽く流すのではなく、正攻法できっちり聴かせようとする直純の姿勢がうかがえる。

直純が、最後の十余年に力を注いだ活動が二つある。

一つは「世田谷うたの広場『詩と作曲の会』」、もう一つは「ジュニア・フィルハーモニック・オーケストラ」だ。

「世田谷うたの広場『詩と作曲の会』」は、作曲家の芥川也寸志や詩人の江間章子《えましょうこ》らによる、「世田谷に住む多くの文化人が協力し、地域に根ざした活動を展開できないか」との呼びかけで、1988年に発足。90年からは、新作を発表する「せたがや歌の広場コンサート」を開催した。

世田谷区奥沢に住む直純も会員になり、ピアノなどでコンサートに参加するほか、愛犬を題材にした「素晴らしい犬——その名はクララ」(94年)や「オラトリオ『奥澤物語』」(99年)、「お山の大将」(同年)など11の作品を発表した。

長男・純ノ介によると、直純はこの会をとても楽しみにしていたという。

「この世田谷区の作曲家と詩人が協同して歌を作るというイベントは、年に1回、5月の最後の金曜日に開催されていました。芥川也寸志さんが提唱されたのですが、すぐ(89年)に亡くなられて、林光先生が受け継ぎました。父親にとって、林先生は幼馴染だったので気安かったでしょうし、母親と一緒に参加して夫婦で作曲もできるので、一つの楽しみになっていました。同時にちょうどその頃、我々の娘たち、つまり孫が少し大きくなってきて、『おじいちゃん、ひげじい、ひげじい』と寄って来るようになったので、その子らのために曲を作ったりしていました」

「世田谷うたの広場」はその後も続き、純ノ介も世話役として関わっている。

「ジュニア・フィルハーモニック・オーケストラ」は、72年に作曲家で指揮者の塚原哲夫《つかはらせつお》のもと、10歳から20歳の86名によって結成された、ユース・オーケストラの草分け的存在。延べ千人近い卒団生の中からは、プロの演奏家も多数輩出している。

直純は、古くから関わり、78年の塚原急逝後は、音楽監督的な立場（ポストは特になかったようだ）として、亡くなるまで指導を続けた。

小尾旭が「直純さんは、自分が子供のときから音楽に親しんでいたから、子供にとって音楽がいかに大事かということを身に染みてわかっていた。だからこそ特に力を入れていました」、大原れいこが「育成に本当に力を尽くされました。ジュニア・オケを指揮されているときの直純さんって、ある意味新日本フィルよりまじめで（笑）、もう全身全霊、子供に捧げていました」と語るように、直純の力の入れようは相当なものだった。

直純は子供たちに、同じ箇所を何度も何度も繰り返させ、3時間の練習が終わる頃には、もうみんなヘトヘト。コンサートマスターを務めた事務局長の小林真美は、「当時はただ必死だったけど、プロの楽団で演奏するようになり、ああ、先生が言っていたのはこういうことだったのか、と。楽曲から歌や呼吸を感じとり、自然に表現するすべが、いつの間にか自分のものになっていた」と語っている。

ここで岩永は、あるエピソードを明かす。

「ジュニア・フィルがアメリカに行くことになった際（92年に米国演奏旅行を行っている）、頼みごとが嫌いな直純さんが小澤さんに、『タングルウッドにジュニア・フィルを連れて行きたい』とお願いしました。小澤さんは口をきいてくれたようです。おかげでジュニア・フィルはタングルウッド音楽祭に出演できました」

直純が小澤に個人的な頼み事をするなど今までなかったことだ。これは、直純がジュニア・フィルにいかに力を注いでいたかを物語っている。

CD選集「人生即交響楽」には、直純が指揮するジュニア・フィルによるマスカーニの「カヴァレリア・ルスティカーナ」間奏曲と「日本の歌メドレー」が収録されている。特に前者の心のこもった演奏は、きわめて感動的。この〝優しさ〟こそ直純の音楽の本質だったのかもしれないとさえ思わせる。

また直純は、97年から5年間に亘って「高松ジュニア・フィルハーモニック・オーケストラ（現・かがわジュニア・ニューフィルハーモニック・オーケストラ）」の常任指揮者も務めており、晩年は子供たちの育成に尽力していた。

なお、ジュニア・フィルの方は、直純の次男・祐ノ介が引き継いで指導と指揮を行い、2012年の「山本直純先生没後10年」、14年の「ナオズミ・メモリアル・オーケストラ」（OBを含む集まり）などのコンサートで、直純の作品やゆかりの深い作品を演奏している。

1988年5月、小澤はウィーン国立歌劇場にデビューし、世界最高峰のオペラの殿堂に第一歩を記した。演目はチャイコフスキーの「エフゲニー・オネーギン」。主役のタチヤーナを歌ったミレッラ・フレーニの名唱と相まって、大きな成功を収め、オペラにおける小澤の評価が一気に上がった。

89年7月、恩人カラヤンが81歳で亡くなった。小澤は、ザルツブルクの大聖堂で行われた追悼式典で、ウィーン・フィルを指揮してJ・S・バッハの「G線上のアリア」を献奏した。

この年からは、小澤が「人生の兄貴分」と慕うロシア出身の大チェリスト、ムスティスラフ・ロストロポーヴィチと共に、日本で「コンサート・キャラバン」を始めた。

67年にトロント響で共演して以来、長く付き合ってきた彼からは、80年代に「生の音楽が聴けないような過疎の町で演奏しよう。絶対、音楽家になった喜びを味わえるから」と誘われていたが、小澤は多忙で断っていた。しかし「日本でやろう」と言われて始めることにした。

89年8月、桐朋高校の生徒や若いOBで十数人の弦楽アンサンブルを作り、トラックに乗って岐阜や長野を回った。演奏場所は、お寺や神社の境内、小学校など。入場無料で朝、昼、晩と演奏した。

「全身全霊で演奏すると、子供からお年寄りまで、生の音楽に触れるのが初めてという人も熱心に耳を傾けてくれる。畑仕事の途中に野良着のままひょいと来て、最後には涙を流す人もいた。コンサートホールで指揮するのとは違う感動があった。『なるほど、これが「音楽家になった喜び」か』と感じた。一週間のキャラバンが終わる頃には病みつきになっていた」と小澤は語っている。

キャラバンはその後、新潟や岩手でも行い、第1回のキャラバンの少し前から、長野県の志賀高原の山ノ内中学で毎年、小さな音楽会を開くようにもなった。

同年9月には、サイトウ・キネン・オーケストラと2回目のヨーロッパ・ツアーを行った。第1回のヨーロッパ・ツアーは、NECがメイン・スポンサーだったが、今回は主にセイコーエプソンが支援した。これは何と、64年に指揮したアマチュアの諏訪交響楽団でヴァイオリンを弾いていた同社の社員との縁で実現したもの。おかげで90年、91年にも海外ツアーが実現し、90年には、ザルツブルク音楽祭に日本のオーケストラとして初めて参加した。これは亡きカラヤンの招きによるものだった。

90年1月には、ウィーン・フィルの定期演奏会を初めて指揮した。ザルツブルク音楽祭などで再三共演していた同楽団だが、ウィーン国立歌劇場管弦楽団がメインの団体ゆえに、定期演奏会の回数は少なく、限られた少数の指揮者しか招かれていなかった。それゆえ日本人の彼の出演は、ベルリン・フィル定期演奏会以上の偉業と言っていい。

この年は日本でも新たな活動が二つ始まった。

「水戸室内管弦楽団」と「ヘネシー・オペラ・シリーズ」である。

「水戸室内管弦楽団」は、90年4月に開館した水戸芸術館の専属楽団として、初代館長・吉田秀和の提唱により誕生した室内オーケストラ。サイトウ・キネン・オーケストラのメンバーが中核をなし、小澤は総監督として定期的に指揮台に上がった。

第1回定期演奏会は、同年4月8日と9日に小澤の指揮で開催され、彼が重要な節目で演奏しているモーツァルトのディヴェルティメントK136、チャイコフスキーの弦楽セレナードのほか、ロストロポーヴィチをソリストに迎えて、ボッケリーニとハイドンのチェロ協奏曲が披露された。

以後、小澤や、若杉弘、準《じゅん》・メルクルといった指揮者のもとでの公演のみならず、ソリストが指揮者を兼ねる公演、指揮者なしの公演などフレキシブルな活動を行い、ホルンのラデク・バボラークをはじめとする海外一流奏者の参加と相まって、ハイレベルな演奏を展開。コンサートには、地元以外の各地から多くのファンが足を運んでいる。

「ヘネシー・オペラ・シリーズ」は、小澤と新日本フィルでオペラをやろうという企画に、ヘネシーのスポンサーが付いて始まったもの。第1回は同年5月に東京と尼崎で、モーツァルトの「イドメネオ」を上演した。以後横浜や名古屋を公演地に加えながら8年間続き、有名オペラを中心に9作品（10作目の「ペレアスとメリザンド」は、資料によると新日本フィルの扱いになっており、しかも小澤がキャンセルしたため、別の指揮者が振っている）を上演。小澤と関係の深いデイヴィッド・ニースをはじめ、実相寺《じっそうじ》昭雄《あきお》、蜷川幸雄《にながわゆきお》、浅利慶太を演出に起用するなど、毎回チャレンジングな舞台で話題を呼んだ。

この年の10月には、前年のカラヤンに続いて、もう一人の恩人バーンスタインも72歳で亡くなった。小澤は、ボストン響の定期演奏会で、マーラーの交響曲第5番の「アダージエット」を献奏した。

91年5月には、ウィーン・フィルの定期演奏会に再び出演し、同楽団との初録音（ドヴォルザークの交響曲第9番「新世界より」）を行い、翌年1月には、ウィーン楽友協会で行われる「ウィーン・フィル舞踏会」に招かれて、J・シュトラウス二世の「こうもり」序曲を指揮し、長女の征良とワルツを踊った。

ウィーンがじわじわと近づいてくる……。

92年から、「サイトウ・キネン・フェスティバル松本」が始まった。

これまでサイトウ・キネン・オーケストラは、海外で公演を行ってきたが、アメリカのマネージャー、ウィルフォードは「日本で腰を据えてやるべきだ」と主張した。N響事件以来、日本に住んで仕事をするつもりはなかった小澤だが、ウィルフォードは「音楽祭の開催地を募れば絶対に手を挙げるところがある」と言って背中を押した。

場所探しは難航したものの、平佐と共に長野県松本市で建設中の県立文化会館をこっそり見に行って、そこが気に入り、長野県知事と松本市長に音楽祭の開催を申し入れた。両者は快諾し、セイコーエプソンをはじめとする地元企業の協力も得て、サイトウ・キネン・オーケストラを中心とする当音楽祭がスタートした。

第1回は、92年9月5日に幕を開け、武満徹の「セレモニアル」の世界初演、世界的ソプラノのジェシー・ノーマンが出演するストラヴィンスキーの歌劇「エディプス王」の上演などが行われた。

チケットはよく売れ、音楽祭は大変な話題となった。東京はじめ県外からも大勢の客が松本に殺到した。特に、オネゲル「火刑台上のジャンヌ・ダルク」、プーランク「ティレジアスの乳房」「カルメル会修道女の対話」、ヤナーチェク「イェヌーファ」等々、小澤が指揮するレアなオペラなどの大作は大変な人気と注目を集め、瞬く間に日本を代表する音楽祭となった。

小澤はこの音楽祭を「齋藤先生がまいた西洋音楽の種を育て、日本に根付かせる。僕の生涯の仕事」と位置付けて全力を注ぎ、様々なコンサートのほか、「若い人のための室内楽勉強会」「子どものための音楽会」「青少年のためのオペラ」など、若い世代に向けた活動も展開。開始後は彼の日本における活動の主軸をなしており、2015年からは「セイジ・オザワ 松本フェスティバル」に名を変えて継続している。

94年7月、タングルウッドに「セイジ・オザワ・ホール」がオープンした。ソニーの大賀《おお》典雄《がのりお》やNECの援助で建てられたとはいえ、指揮者の名前の付いたホールなどそうはない。これは、20年を超えたボストン響での活動に対する評価の表れでもあろう。本人の思いはさておき、もはや小澤は「功成り名を遂げた」と言ってもおかしくない。

直純の最後の10年について、岩永はこう話す。

「普通に指揮活動をしていましたよ。私がマネージャーに付いた最初の頃は、新星日響のコンサートでまたブレイクしましたしね。ただ最後の5年は、徐々に仕事が減っていきました」

岩永が言う「新星日響のコンサート」とは、「クラシック・クライマックス」と題した企画のことである。

「1988年にそのタイトルで主婦の友社からCD付きの本を出し、翌89年から新星日本交響楽団（69年に設立され、自主運営で頑張っていたが、2001年に東京フィルと合併した）と組んで同名のコンサートを始めました。全曲ではなく、一部分だけを何十曲も演奏するといった内容。新興のオーケストラだった新星日響もお客さんを集めたいので、直純さんと組んで開催したんです」

その本の帯には「日本初のCD付き書籍」と記されており、バロックから近代まで36の名曲のさわりを聴きながら、音楽史の概観を知り得る構成となっている。内容自体は、明快ではあるものの、えらく真面目で本格的だ。

この公演は、「チケットは売り切れ、追加公演まで完売しました。これは何度もやりましたね」というから、直純人気はまだ健在だった。

92年には、「駒音甚句《こまおとじんく》」が生み出された。

直純は将棋好きで、没後には六段が贈られたほどの腕前だった。84年、そんな直純とヴァイオリニストの岩淵龍太郎が中心になって、将棋好きの音楽関係者と歌好きの棋士を集めた「駒音コンサート」を開催した。会場は霞が関のイイノホール。内藤國雄《ないとうくにお》、谷川浩司、米長邦雄《よねながくにお》、田中寅彦《たなかとらひこ》など錚々《そうそう》たる面々が出演し、「ひふみん」こと加藤一二三《かとうひふみ》も「この道」を歌っている。催しは2000年の第14回まで続き（04年に一度復活）、「駒音甚句」はそこで披露するために書かれた。

この曲は、作詞も直純が手がけており、「将棋は歩から、音楽も譜から」「将棋は名局、音楽も名曲」等々、将棋と音楽を並べた歌詞が8番まで続く、直純らしさ全開の快作（怪作）だ。

加えて直純は、NHKテレビの「将棋の時間」と「囲碁の時間」の番組テーマ曲も作曲している。長男・純ノ介はこう話す。

「父親は将棋が趣味でした。晩年は夜の演奏会や録音などで頭脳がフル回転した余韻をひきずったまま、田中寅彦先生、米長邦雄先生などが来られていた新宿のスナックで、朝の4時、5時まで将棋を指すのが楽しみだったようです。NHKの将棋の番組も毎週見ていました。そこで『親父もそんなに好きならテーマ音楽でも作ったらどう?』って、僕が冗談で言ったんですよ。するとしばらくして、『テーマ音楽、作ることになったから』と。NHKに呼ばれて本当に将棋のテーマ音楽を作ることになったのです(笑)。そのあとの『囲碁の時間』も父親の作曲でしたね」

両テーマ曲は、アレンジこそ変わったが、2017年現在まだ使われている。番組にクレジットがないので気付かなかったが、直純の作と知った時は、「これもそうだったのか!」と些《いささ》か驚きだった。

95年には、「『荒城の月』の主題によるメタモルフォーゼ」を作曲した。これは、万有製薬の「BANYUいのちのコンサート」の委嘱による弦楽合奏作品。ただ同年に書かれたチェロとピアノのための版の方が、若干普及している。文字通り「荒城の月」が変容しながら、後半に同じく滝廉太郎《たきれんたろう》の「花」のメロディーが交錯する面白い作品だ。

96年には、松竹映画「虹をつかむ男」の音楽を、長男・純ノ介と共に担当した。同年の暮れに公開される予定だった「男はつらいよ 寅次郎花へんろ」の撮影が、8月の渥美清の死によって不可能となり、山田洋次監督が、ロケ地も同じ四国のまま、出演予定だった西田敏行と田中裕子《たなかゆうこ》を主人公に製作したのがこの喜劇である。テーマ曲は、ボサノヴァ調の爽やかな音楽だ。なお翌年には、第2作の「虹をつかむ男 南国奮斗編」も製作され、直純はそこでも音楽を担当した。

この97年には、「男はつらいよ 寅次郎ハイビスカスの花 特別篇」が、亡き渥美清のCG合成を用いて製作され、テーマ曲を八代亜紀が歌って、シリーズは完全に幕を閉じた。直純が30年関わり続けた「寅さん」が、遂に終わった。

ここで直純は、岩永の言う「徐々に仕事が減っていった最後の5年」に入る。

その理由について、岩永はこう話す。

「やはり世の中が少し変わってきた。直純さんも滅茶苦茶な人だったから、皆から少し距離を置かれ始めました。何しろ物事を決めるのに手間と時間がかかるし、そのために何日間か夜のお付き合いをしなくてはいけない。つまり朝までお酒ですね。すると、昔の人は良くても、若い人たちは我慢できない。さらには、たった一つのことを決めるのに、わざわざ家に行って細かいやりとりをする。それも若い世代には抵抗があります。私も一つのプログラムを決めるのに何日も直純さんにへばりついてやっと……といった感じでしたから。しかも直純さんのことを理解していた同年代以上の人たちが定年を迎えて引退し、音楽を共有していた仲間が減っていったのです」

岩永自身も、「直純さんと一緒に仕事するということは、私たちにプライベートはないということ」と語る。

「世の中、スピードの時代になって、昔のように一つのプログラムを作るのに時間をかけなくなってきましたし、オーケストラを存続させるためには沢山仕事をしないといけないので、一つのコンサートにかかりきりになれる時間は限られるわけです。でも直純さんはそれが許せない。彼は『まあここまで付き合ったならしょうがない』といった感じで、朝方になると『じゃあ、わかった』と言って、おもむろに『1曲目は』なんてやるわけです。私は何度もそうやって朝まで付き合いました。その後すぐ仕事に行かなくてはいけないし、直純さんと地方に行く場合は、また家まで迎えに行かないと来てくれない」

良く言えば昔気質の無頼漢の趣。もう少し岩永の話——すなわち90年代の直純の姿——

に耳を傾けよう。

「それに物がすぐなくなる。私はいつも本番の一週間前までに必ずスコアを持って家に行き、直純さんの机の上に置いておくんです。でも作曲の仕事も沢山しているので、どこにあるのかわからなくなって、探してもなかなか出てこない。作曲の仕事もそう。朝迎えに行くと、『書き上がったからファックスしてくれ』と言うのですが、途中のページがない。いくら探しても見つからないので、直純さんが『もういい！ 探すよりも書いた方が早い』と言って、また書く。頭の中では全部できあがっているから、私が探すよりも本当に早いんです。でも直純さんのすごいのは、どんなに急いでいてもどんなに酔っ払っていても、楽譜がものすごくきれいなことです。直純さん以上に美しいスコアを書く人など知らないぐらい。やはりA型なんです。変なところはすごく真面目。朝まで付き合わされて、ようやく曲目を打ち合わせし、私が『ドヴォルザーク「新世界」』と書く。すると『だめだ。ドヴォルザーク：交響曲第9番「新世界より」と書け！』と言われる。正式タイトルを書かないと嫌なんです。それに直純さんは、いつも締め切りギリギリで書くから、前の晩から写譜屋さんが待っている。ですから、きれいに書かないと間違いが生じてしまう。そこにはちゃんと気を配っていました」

オーケストラとの関係について岩永は「直純さんはあまり勉強していかないので、リハーサルが自分のための練習になってしまう。だけどオーケストラから疑問を投げかけられても、即座に答えられる。何しろ天才ですから。何を言われてもその場で全て解決できてしまう人でしたね」と言い、小尾も「音楽のことで直純さん以上という人は、オーケストラには誰もいなかった」と話す。

「しかし、演奏会ではスタンドプレイをやらせるし、お客さんに演奏姿が見えるよう『譜面台を下げろ』などと言う。抵抗する楽員は沢山いますが、本番のときに『さあ、お立ちください』なんて言われると、『嫌だ』とは言えず、嬉しそうな顔をして立つわけです。そうするとお客さんは喜ぶ。一番ひどいのは、コンチェルトをやるときです。ソリストはいろいろ調整して出てくるのに、楽器を分解させてしまう。これは嫌がられますよ。でも『じゃあファゴットはいくつに分かれますか？　五つ？　六つ？』みたいなことをやると、お客さんは初めて知るわけだから、喜んで『あー！』って言う。ソリストの中には、『一度引っ込んで、もう一回調整させてください』と言う人もいれば、やぶれかぶれで吹いてしまう人もいました。直純さんは、楽員の都合よりも、どうやったらお客さんに喜んでもらえるかを一番に考えるんです。そこで集客に頭を悩ませているオーケストラの事務局の人たちは、『直純さんが来るとお客さんが喜ぶから、また使いたい』と思ってくれる。しかし、先ほど言ったように、そういう理解者が少なくなっていきました」

楽員との酒付き合いも減っていった。

「直純さんがリハーサルの休憩時に、『今日の犠牲者は誰だ?』と私に言うんです。直純さんはコンサートマスターをすごく大事にしてるので、まずコンマスに声をかけ、あと何人か誘う。喜んで来てくださる方もいるんですよ。でも、なかなかそうはいかなくなってきた。車で来る楽員が多くなったこともありますね。それに、とにかくしつこい。楽員が帰りたいときに、直純さんも『じゃあな』って言ってくれればいいものを、『なんだおまえ、帰るのかよ』『じゃあ次の店行こう』と言う。それが負担になるんです。それにお付き合いはしたくても、朝までとなると翌日の本番に影響が出ます。特に管楽器の人は、本番でミスしたら全部自分のせいになりますから。なのに直純さんは『寝なくたって、プロだったら吹け』みたいなことを言う」

そうこうしている内に、仕事が減っていった。

「自然にといった感じですね。それまでメディアにあまりにも多く出てましたから、減った印象はありますけど、地方のオーケストラは亡くなる直前まで指揮していましたし、例えば大阪のABC放送主催のニューイヤー・コンサートなども、ずっと続けていました。まあ『1万人の第九』が終わったあたりから少しずつ減っていき、直純さん自身もよく『上手くソフトランディングをしなきゃいけない』なんてことを言ってましたけど、ちっともそんなふうにはならなかった。

最後の最後まで、直純さんが振るとお客さんはすごく喜んでいましたから、決して聴衆が離れたわけではないのですが、彼のような破天荒な破滅型は、時代の流れから外れてしまったのではないかと。それに、それまで多かったスポンサー付きのコンサートが少しずつ減ってきたのも大きかったかもしれません」

テレビや映画の仕事のマネージメントをしていた直純の会社、オズ・ミュージックも同様だった。長男・純ノ介はこう話す。

「事務所を赤坂のTBSの真ん前から渋谷に移し、そこからまた動かしと、経済の衰退に合わせて、縮小していきました。当然人も切らざるを得ないのですが、アルバイトでさえも切れない人です。甘いといえばそれまでですが、人が好きで、信頼した人間とは一蓮托生のところがあり、結局自分の首を絞めていく。最後までオズに残ってくれた社員は2〜3人。それでも皆は、直純を支えようと営業や資金繰りに奔走《ほんそう》しました。でも会社全体を支えられるような大きな仕事はなかなかもらえず、徐々に個人へ縮小することとなります。バブル崩壊の凄まじさは甚大《じんだい》で、オズや我々は身を持ってそれを体験しました」

1995年1月23日、小澤は32年ぶりにNHK交響楽団の指揮台に立った。ロストロポーヴィチから「一緒にN響の音楽会に出よう。おまえは今、日本でサイトウ・キネンをやっているだろう？　なのにいつまでもN響とけんかしたままじゃだめだ」と言われ、ボイコット事件以来、建物に近づくのも嫌だった小澤も、渋々OKした。もちろん、事件当時の楽員がいなくなっていたのも大きかった。

公演は、サントリーホールで行われた「怪我や病気で活躍できないオーケストラの楽員のためのチャリティコンサート」。1週間前に発生した阪神・淡路大震災の犠牲者の追悼と被災者の救済の意味も込められた。演目は、バルトークの「管弦楽のための協奏曲」と、ロストロポーヴィチをソリストに迎えたドヴォルザークのチェロ協奏曲。小澤は冒頭でJ・S・バッハの「G線上のアリア」、ロストロポーヴィチは協奏曲の後にバッハの無伴奏チェロ組曲第2番の「サラバンド」を献奏した。

同公演に関して小澤があえて触れているのは、チェロの首席奏者を徳永兼一郎が務めたことである。齋藤秀雄の弟子であり、小澤と昔から親しい仲間でN響に入団していた彼は、がんを患っていながら、「小澤さんが指揮するなら」と一時退院して参加し、1年4ヶ月後に55歳の若さで他界した。

この〝歴史的和解コンサート〟は、NHK衛星第2テレビとFMで生中継された。何とも言えない緊張感の中で始まったが、演奏は次第に力強さを増し、ロストロポーヴィチの渾身のチェロと相まって、大変な熱演となった。ロストロポーヴィチが弾いた「サラバンド」の後は全員で黙禱。拍手のない沈黙の幕切れも印象を深めた。

小澤自身は、「N響で指揮することなんか二度とないと思っていたけど、行ってみたら楽しくやれた。オーケストラの演奏も素晴らしかった」と述べている。

なお彼は、2005年10月の「NHK音楽祭」で再びN響を指揮し、ベートーヴェンの交響曲第5番などを演奏している。

97年には、前述のように、新日本フィルが本拠地を墨田区に置き、同年オープンのすみだトリフォニーホールで日常の練習と公演を行う、在京オーケストラ初の本格的フランチャイズ制度を導入した。

直純と小澤が創設に奔走して早25年。バブルの崩壊などで延び延びとなっていたが、遂に住み処を得た形となった。

98年2月、長野冬季オリンピックの開会式で、世界五大陸の都市——北京、ベルリン、ニューヨーク、シドニー、ケープタウン——を衛星中継で繋ぎ、ベートーヴェンの「第九」の「歓喜の歌」の世界同時合唱を指揮した。

2000年からは、若手音楽家育成のための「小澤征爾音楽塾オペラ・プロジェクト」が、モーツァルト「フィガロの結婚」でスタート。これはその後も続いている。

そして、その前年の99年6月、02年~03年シーズンから、ウィーン国立歌劇場の音楽監督に就任することが発表された。


1998年、直純の「1万人の第九」はこの年が最後となり、翌年から指揮が佐渡裕に代わった。

純ノ介は、直純が「自分の牙城だと思っていた『1万人の第九』を、若い世代に禅譲していく形になり、次第に自分のテリトリーが狭まってきたときに、どうやって自分を主張するかを考えざるを得なくなった」と感じていた。

99年、直純は聖イグナチオ教会で洗礼を受け、カトリック教徒となった。受洗名は「フランシスコ」。亡き父・直忠と同じ名であり、また小澤が歴史的な世界初演を行ったオペラのタイトル「アッシジの聖フランチェスコ」そのものだった。

直純の父はカトリック、母や祖母はプロテスタントだったし、自由学園もキリスト教が礎の学校。根底に何らかの信仰心はあったに違いない。ただ直純自身は、キリスト教を「西洋音楽の背景のひとつとしか考えていなかった」と語っている。

それでも受洗した大きなきっかけは、妻・正美の病気だった。そのときの模様を直純はこう記している。

「家内の正美は、ある日突然、心臓が止まってしまった。その時ボクは朝風呂に入っていた。息子が飛んできて、

『もう、おかあさんダメみたい、心臓が止まっちゃってるよ』

『なに言ってるんだ！』

と驚いてとんで行ったら本当に、うんもすんもない。119番で救急車を呼び、病院にかつぎ込んだ。それきり三ヶ月意識不明だった。ボクは毎日、病院に通い、今日こそ目覚めるか、それとも……もうダメなのか……」

そんな夫婦の間柄について、長男・純ノ介はこう語る。

「母親は悪妻などと言われていましたが、あの二人すごく仲がいいんです。大ゲンカするほど仲がよくて、玉川警察に何度も来ていただきました（笑）。ケンカをすると、母が『変な人が来てます。助けてください』『変な人が狙ってます』などと電話してしまう。母はときどき、包丁持ったりするんです。冗談で持つんだけど、ケンカのときはもう危ない。本当に怖くて、『よくぞご無事で』という感じでした。電話を壊すのも得意で、NTTの人がよく来ました。彼らは壊れた電話を見て、『これ、どうやったんですか？　この電話はなかなか壊れないように作ってあるんですけど』と、僕に訊く。『僕に訊かれても困るんですけど』と言うのですが、どうも二階から投げて粉々になったらしい。とばっちりは全部こっちなんですよ。警察が来ると、『また君か』と言われて、『僕もう高校行かなきゃいけないんですけど』『いや状況をちょっと』といった具合い。もうその時は、母親も父親もいなくなっている。二人ともどこかに行ってしまうんです」

正美は、直純とは直接の関係のないところにまで、直純捜索の電話をすることも多かったようだ。

さだまさしも、こう語る。

「直純さんは、奥さんのことをすごく大切にしていたと思います。藝大時代は正美さんの方が天才って言われる作曲家だったけど、直純さんのことが好きで、絶対この男は世界をとれるって思い込み、自分の音楽を全部捨てて直純さんの奥さんになった。だから、まさに高村智恵子ですよ。一時期ノイローゼ気味になって、皆に当たり散らしたりしたので、まわりの人が直純さんに、『別れた方がおまえのためだ』と説得した。そしたら直純さんは、『俺は女房を愛してるんだ。おまえらはつべこべ言うな』と怒り出す。その一言で皆シュンとなっちゃって、『そうだよな。愛してるんだよな』と。奥さんは『ねむの木の子守歌』で皇后様の詩を歌にしておられるけど、本当に優秀な作曲家だったんですよ。だからそれだけに、直純さんが世界的な指揮者になろうとしないで、『音楽の底辺を持ち上げる』などと言うのが歯がゆかったのでしょうね」

このとき、正美は生還した。

「母親は腎臓が原因で心臓や肺を患い、一時は死線をさまよいました。7ヶ月程入院し、ようやく復帰しましたが、80キロ以上あった体重を、人工的に40キロ程に落としました。その間父親はずっと献身的に看病していました。ほぼ毎日病院に通ってましたね。あの『愛の力』は忘れられません」と純ノ介は語っている。

だが正美は、直純が亡くなった僅か10ヶ月後の2003年4月、後を追うように亡くなった。

ここで直純の二人の息子について簡単に触れておこう。

1958年生まれの長男・純ノ介は、東京藝大で学び、在学中から12年間、直純のカバン持ちをした後に独立。作曲家として活躍しながら、千葉大学の教授を務め、放送大学でも教えている。今回取材したのは、放送大学の関係で「第九」の指揮をする前だったが、彼は直純が使った（＝書き込みのある）スコアを用いて指導していた。

63年生まれの次男・祐ノ介は、やはり東京藝大で学び、ハレーストリングクァルテットのチェロ奏者、東京交響楽団の首席チェロ奏者などを経て、ソリスト、指揮者、作曲家として活躍している。チェロ・アンサンブルの定番となっている編作も多く、「寅さんファンタジー」など直純の作品のアレンジや録音も行い、紅いタキシードを着て指揮をしている。

さだまさしと直純の最後のコラボは、1999年6月に、さだが活動25周年を記念して出したアルバム「季節《とき》の栖《すみか》」だった。

直純はここで、三波春夫《みなみはるお》（！）の作詞、さだの作曲による「星座《ほし》の名前」の編曲を手がけ、指揮をすると共に、鍵盤ハーモニカ奏者として演奏にも参加した。そのとき、さだの作詞、直純の作曲・編曲による「空色の子守歌」が、急遽追加された。

「25周年のときに、三波春夫さんが僕に詞をくれたので、僕が曲をつけ、直純さんにアレンジを依頼したんです。すると直純さんが『なんでまさしが三波春夫と曲作ってるんだ？』と訊くので、『いや、例えば谷村新司《たにむらしんじ》さんや南こうせつさんなど、いろんな人たちと組んでやってるんですよ』と説明すると、あとで『あいつ、水くせえな。どうして俺に言ってくんないのかな』って言っていたらしい」

このアルバムは、谷村やこうせつのほか、弾厚作《だんこうさく》（加山雄三）、財津和夫《ざいつかずお》、ポール・サイモン、永六輔、小椋佳《おぐらけい》など多彩な顔ぶれが詞や曲を提供しており、三波春夫もその一人だったが、直純に曲を依頼してはいなかった。

すると「星座の名前」の録音の際に、直純が自作を持ってきた。

「直純さんがスタジオに来て、三波春夫さんと僕の曲の時は、『はいはい。行くぞ』、1回で『もういい。オッケーオッケー』と言う。『先生、もうオッケーでいいんですか？』『これはもうこんなんでいいんだ』と言った後に、『もう1曲ある、もう1曲ある』と言って譜面を配り始めた。『空色の子守歌』という譜面を僕に渡して、『おまえ、これ、仮歌歌え』と。そこには『作詞・さだまさし、作曲・山本直純』と書いてあって、1番の歌詞ができあがっている。『雲の上に何がある、雲の上に空がある』。『先生。これ、直純作詞じゃない』って言ったら、『バカ。2番からあとはおまえが作るんだ。おまえ、適当にやっとけ』と答えて、はやてのように去っていった」

「なんかすごく可愛がってくれてたんだなあと思う」と、さだは述懐する。

「空色の子守歌」は、大作曲家の最晩年の曲のように、シンプルかつ清澄な音楽だ。

さだが直純と最後に飲んだのは、その少し前だった。

「都内のオーチャードホールでやったオーケストラとのコンサートの最終日。直純さんがアンコールで乱入し、譜面をバーッと配って『親父の一番長い日』を指揮した。その後、直純さんは『まさし、今日は飲みに行くぞ』と言って、麻布にあったフロイデというお店に連れて行ってくれた。そこで、『ヴァイオリン取って来い!』と言って、譜面をばーっと広げ、『お! 金婚式。これ、いいなあ。おまえ、これ弾け』と。直純さんがピアノ弾いて、『♪ティーヤッタッタタリラララリー』、『おお、タリラララーがいいな! もう1回やれー』といった感じで、さんざん弾かされてくたびれたのを覚えてる。それが直純さんと徹底して飲んだ最後だったなあ」

さだは、晩年の直純が「いやあ、困ったときはまさしにいつも助けられてるんだよなー」と言ってくれたのが胸に残っているという。そしてもう一つ、胸が痛む出来事もあった。

「直純さんが『ラブラドールが生まれたから、おまえに一匹やる。今どこにいるんだ？』と電話してきた。『いまホテルニューオータニのバーでミーティングしてます』と答えると、『よし！ そこまで行く』。すると段ボール箱に犬を六匹も入れてきて、『どれでもいいから選べ！』と言う。『いやあ』とか言ってるうちに、犬がロビー中を走り回るので、もうえらい騒ぎになって、ホテル側に怒られたりした。それで、『直純さん、俺、アパート暮らしだから犬飼えないんだよ』と言ったら、すごくしょんぼりしてね。『そうかあ。悪かったなあ』って言いながら、酒も飲まず、静かに帰っていった。あの直純さんの肩を落とした姿、ニューオータニの横の坂道を下っていく車が、今も目に残ってる。本当に胸が痛かったね。直純さん、自分の犬の子を僕にあげたかった。あげれば絶対に喜ぶと思ったんだよね。お互い犬が大好きだったから……」

晩年の直純は、満身創痍《そうい》だった。

まずは岩永の話から。

「直純さん、豪放磊落《ごうほうらいらく》にみえて臆病、いや繊細なところがあったので、事務所の近くの慈恵医大病院で何かの結果を聞くときに絶対一人じゃ嫌なんです。だからいつも私が呼ばれて、主治医の先生は『ご家族の方じゃないといけないんだけど』と言うのに、直純さんから『家族みたいなもんだ』と勝手なこと言われて、病状を聞かされていました。

最初にガンが見つかったのは、1996年だったかと思います。もともと糖尿病を患っていて、89年に私が出会ったときから酷かったんです。糖尿治療は続けながら、ある日胃カメラを飲んだのですが、その時胃に腫瘍と食道にガンが見つかり、何回か放射線療法を行いました。でも糖尿が一番問題。最後まで手足を切ることはなかったけれども、相当ひどい状態でした。やはり酒量が半端ではなかった。私が最初に会った頃は、1日にウイスキーのボトル1本は当たり前でしたから。糖尿でどんどん痩せてもやめなかったですね。さらに酷くなった98年ぐらいから、焼酎を中心に飲むようになりましたが……」

むろん純ノ介も同様だ。

「母が倒れる以前から、春と秋に糖尿病を改善するために教育入院をしていました。病状はかなり進んでいてインシュリンを打つことを義務付けられていましたね。薬は一度に打つ量を決められていたのですが「めくら打ちだ」と言って適当に打つから、低血糖で危うく死にそうになり、打ち合わせに来た女性マネジャーに『私が遅れたらどうなったと思ってるんですか！』と言われて私は平謝りです。実際は目が非常に悪くなっていて器具の細かな数字や文字が見えないという事情もあったと思う。加えて、たびたび目が回ると言うので、脳の検査をしました。そのときは、『影がありますね。精密検査をしましょう』と言われたのですが、まわりには『おれは脳腫瘍《しゅよう》だ！』とお触れが出る。医師からは『生来性の可能性もありますし、経過的に診ていきます』と言われ、実際には大きくならなかったようです。次は『腎臓やその周りも検査しましょう』となりましたが、これも当面経過措置。敵は糖尿なんですね。教育入院はいつも慈恵医大にお願いし、看護は万全で個室にしていました。父はとても気に入っていて、中で作曲したり、譜面を読んだり、原稿を書いたりすることもある程度認められるようになりました。しかし場所が良くて近くに繁華街があるので、夜になるとしばしば抜けだすようになりました。裏から戻ってくると、ナース室に『はい、お土産』と寿司か何かを置いていくんです。大変だったのは、偉い方がお見舞いに来てくださったのに、もぬけの殻だったこと。それで顰蹙《ひんしゅく》を買って、『入院ってことで仕事をセーブしてるんだから、いてくれないと困る』と言ったら、『検査してるだけだ。俺は病人じゃねえ』って言うんですよ。もう大変でした」

さらにまだある。

「最後はもう、酒乱のような状態でした。雨の中で自由が丘の道に転がってみたり……。実は父親はもともと酒が弱いんですよ。若い頃は酒なんか一滴も飲めない上、『はんぺん』って呼ばれるほど色白で、酒豪タイプではなかったようです。でも芸術や芸能の仕事に酒は欠かせないので、付き合いのために飲めなきゃだめだと。僕も親父に『酒を飲めないとだめだぞ』って言われましたよ。それに晩年は目がひどく悪くなっていたので、譜面を読み込むのにもかなり苦労していました。最後に使っていた眼鏡なんか、まるで虫眼鏡ですよ」

この眼鏡は、実際に見せてもらった。本当に物凄い度数……まさに虫眼鏡、牛乳瓶の底だった。

# 第六章　鎮魂のファンファーレ（2002）

2002年1月1日、小澤はウィーン・フィルの「ニューイヤー・コンサート」に登場した。

1939年12月31日にクレメンス・クラウスの指揮で始まったこのコンサートは、41年から1月1日に開催されるようになり、55年にクラウスの後を継いだウィリー・ボスコフスキーのヴァイオリンを弾きながらの優美な指揮と、59年から始まった各国への中継（やがて60数ヶ国にテレビ中継されるようになる）が相まって、新年の世界的な風物詩となっていた。80年から86年まではロリン・マゼールが担当。87年にヘルベルト・フォン・カラヤンが指揮台に立った後は、最高位のスター指揮者が登場するようになった。小澤の前の顔ぶれは、クラウディオ・アバド、カルロス・クライバー、ズービン・メータ、リッカルド・ムーティ、ニコラウス・アーノンクールといったヨーロッパの本流に位置するビッグネームばかりだ。小澤はそこに名を連ねた。

演目は、ウィンナ・ワルツやポルカなど、いわば〝訛《なま》り〟のある音楽。ゆえに日本人指揮者にはハードルが高い。しかし小澤は堂々にして颯爽《さっそう》たる指揮ぶりで生き生きと音楽を聴かせ、世界中を楽しませた。恒例となっているのが、アンコールの「美しく青きドナウ」の冒頭部分を弾いた後に行われる新年の挨拶と、聴衆の手拍子を伴う最後の「ラデツキー行進曲」。02年は、新年の挨拶をウィーン・フィルの楽員がゆかりのある国の言葉で繋いだが、日本人の妻をもつコンサートマスターのライナー・キュッヒルが日本語で挨拶し、最後に満州生まれの小澤が中国語で締めた。これもまた印象的だった。

さらに凄かったのはその後だ。同コンサートは、ライヴCDがすぐにリリースされる。「ニューイヤー・コンサート2002」は、日本で爆発的に売れ、空前のセールスを記録した。80万枚（世界全体でも約100万枚）ともいわれる販売枚数は、クラシックではほとんど有り得ない数字である。つまりクラシック愛好家ではない一般の人々が多数購入し、その話題は単なるブームを超えて社会現象にさえなった。

02年は、小澤にとって栄光の幕開けとなった。

直純の終焉が迫っていた。

活動は何とか続けていたものの、体調は悪化する一方だった。

2002年5月28日に旭川、29日に札幌で札幌交響楽団のコンサートがあった。

まずは札幌に入ってリハーサルを行った。だが終了後、直純はここに至ってなお飲みに行き、午前3時頃ホテルの部屋に戻った。翌日旭川に電車で移動する段取りだったが、どうしても起きられない。そこで岩永は、直純をタクシーに押し込んで旭川へと向かった。旭川のステージには車椅子で上がった。岩永が車椅子で指揮台まで連れて行くと、直純は「こいつがどうしても乗れっていうから、行きだけは乗ってやるんです」「もういらないから。はい、マネージャーに拍手」などと強がり、これが聴衆には受けた。だが結局後半は、念のため同行していたミリオンコンサート協会所属の若い指揮者・平井《ひらい》秀明《ひであき》が振った。翌日の札幌公演は、ほんの少しだけ直純が指揮し、プログラムの大半を平井が受け持った。

岩永はこのとき、「間もなくの死」を予感した。そして、まさしくこれが直純の最後の指揮となった。

5月31日に行われた「せたがや歌の広場」で、直純作曲（作詞：香山美子）による「とおくなる　みち」が披露された。どこか切ないこの歌が、おそらく直純が書いた最後の曲だろう。

この日直純に同行していた次男・祐ノ介は、こう語る。

「父親は最後まで練習に参加し、本番も指揮するつもりで控室にいました。しかし体調が悪くて、控室から出られなくなってしまった。そこで、チェロを弾く予定だった私が、

『俺がやるから大丈夫だよ』と言って、指揮をしました。帰りの車の中で、『どうだった？』と訊かれたので、『まあ、よく演奏できたよ』と答えたら、『お前じゃなくて、お客さんは喜んだのか？』と言われましたよ」

直純はブラームスの交響曲第1番を好んでいた。唯一指揮した新日本フィルの定期演奏会も幻のN響定期も、メインはこの曲だった。しかし長男・純ノ介は、父親にはブラームスよりもマーラーの方が近いと感じていた。事実直純は、マーラーの交響曲第5番の第4楽章「アダージェット」が好きで、しばしば指揮していた。

6月のある日、「全曲はめんどくさいから振れない」と言う直純に、純ノ介は「それがいけないいんじゃない？　少し勉強してやってみたら」とマーラーを勧め、いつもひねくれている父親に合わせて、1番からではなく「逆から行ったら。9番から」と言った。すると直純はまんざらでもない顔をして、「じゃあ、誰の演奏がいいんだよ？」と尋ねた。純ノ介が「バーンスタイン盤が面白いから、CDに焼いて持っていくよ」と言うと、直純は「よし、じゃあ待ってる」と答えた。

6月18日火曜日。毎週火曜日は純ノ介が東京藝大で教える日だった。藝大から帰ってきた純ノ介は、父親に渡すためにマーラーの交響曲第9番の最終楽章「アダージョ」を録音した。マーラーの死生観が滲む、完成した最後の交響曲第9番の、しかも「死にゆくように」消えていくフィナーレ……。それを持って行こうとした矢先に母の正美から電話があった。

「大変、大変、お父さん、倒れた」

直純が風呂で倒れたという。純ノ介はすぐに駆け付けた。救急車で慈恵医大病院に連れて行き、蘇生措置を施した。しかし命が戻ることはなかった。

02年6月18日、直純は急性心不全で亡くなった。享年69。

直純が亡くなって一番に駆け付けたのは、小澤征爾だった。

「父親が亡くなったその日の晩に、小澤さんがすぐに飛んできてくださったんです」

純ノ介の記憶によると、少なくとも著名な音楽家の中では小澤が一番だったという。純ノ介は小澤とのホットラインを持ってはいなかったので、誰かが伝えたのだろう。海外に拠点を置く小澤が、齋藤秀雄の時も直純の時も日本にいた。これも定めだったのか……。

しかし、いち早く駆けつけるとは、なんとも義理堅い。

平佐素雄はこう話す。

「小澤さんは、ものすごく義理堅いんです。僕が脳梗塞で倒れたときも、奥志賀にいたのにすぐ飛んできてくれました。平佐が倒れたと誰かが伝えてすぐにです。僕はまだ意識が朦朧《もうろう》としていましたから」

松原千代繁は、こんなエピソードを語る。

「新日本フィルの創設期を共にした打楽器の山口浩一《やまぐちこういち》さんが亡くなる直前、ちょうど小澤さんが日本におられました。かなり危ない状態になったとき、『小澤さん、もう浩一あまりもたないから』と話したら、『行く行く』と言って、見舞いに来てくださった。山口さんは、すでにほとんど意識がなく、僕らが『浩ちゃん、わかってたら手を握って』と言うと、かろうじて握り返す程度でした。ところが小澤さんが『山口！　小澤だよ！』と言ったら、山口さん、パッと目を開けたんです。それで話もできた。あのときは『すごいな』と思いましたね」

小澤の「人間に対する愛情は、想像を絶するくらい深い」と平佐は語る。

「奥さんの両親が眠る横浜の外人墓地が台風などの被害を受けた際には、チャリティコンサートを2度やって、かなりの額を寄付していますし、ハンディキャップのある子供さんが音楽会に来たら、いつも涙を流していますよ。『子供のときにいい音楽を聴かせてやりたい』との思いも強く、奥志賀の勉強会の後に必ず行く山ノ内中学では、無償で音楽会をやっています。一時は『子供のためのコンサート』を第一生命のスポンサーで開いていましたし、松本のフェスティバルでもそう。僕は小澤さんの音楽も、そうした人間愛に満ち溢れていると思っています。だから実演を聴くと熱い」

さらにこうも話す。

「小澤さんは僕が付き合っている音楽家の中で、最も人間くさい人。だから皆に愛されるのだと思います。『小澤先生』と呼ぶのは彼と近くない人。あの年齢のあのクラスの音楽家は、普通だったら『先生』です。でも小澤さんだけは『先生』と呼ぶ人がいない。彼がそういう雰囲気を持っていないからです」

青山斎場で行われた葬儀で最初に流れたのは、直純作の「鎮魂ファンファーレ」だった。阪神・淡路大震災の年の「1万人の第九」のために作った曲。これを聴いた朝日新聞記者の吉田《よしだ》純子《じゅんこ》は、「直純さんの音楽は、鎮魂でも明るく響く」と書いた。山田洋次が「陽気でありながら、どこか悲しい。青い空をじっと見ていると涙が出てくるような音楽」と述べた、まさにそのトーンだ。長調なのに涙がこぼれてくる……。

直純は、岩永に「葬儀の時は、バーバーの『アダージョ』をかけてくれ」と言っていた。「一番好きな曲」と話していたモーツァルトのクラリネット協奏曲の第2楽章（これも長調なのに涙がこぼれる音楽だ）を望むと思っていた岩永には些か意外だったが、実際にバーバーを流した。小尾は「低音弦楽器だけで静かに奏された『男はつらいよ』のテーマに泣かされた」

岩城宏之は「あの偉大な才能は、近くきっとベートーヴェンやブルックナーに戻ってくると思っていた。悔しい」と声を詰まらせ、小澤は吉田純子に「大きいことはいいことだ。あの大振りのすごさがわかる？　あの表情、あの動きで大勢を束ねる。それがどれだけすごい能力か、みんな全然わかっちゃいない」と語気荒く話した。

さだまさしは、コンサート・ツアー中で葬儀に出られなかった。「本当に大事な人、好きだった人には会いに行かない。亡くなったのを認めてしまうから」との思いもあった。訃報が届いた翌日、彼は岐阜県多治見のステージで、予定外の「親父の一番長い日」を歌った。ささやかの弔辞のつもりだったが、涙が止まらなかった。

「裏切られた感じがした。『こんなあっさり死んじゃだめでしょ』。俺になんにも言わず、『それはないいよ、直純さん』っていう感じだった。あと10年は頑張れたはずですよ。もうがっかりしちゃって、しばらくやる気も出なかった」

松原千代繁は、「直純さんの目が笑っているのを見たことがない」と言う。

それは天才ゆえの孤独の表れだったのだろうか。

「やはり彼の孤独感、加えて客観的に自分を見る目があったということでしょうね。それは小澤さんの孤独感とも共通するものだと思います。要するに、自分は日本人だけれども西洋の音楽をやっている、と。それに直純さんの場合は、自分がどうしたらいいのか、あり過ぎる才能の狭間で悩んでいたのではないでしょうか。ただそれは『純粋なクラシックに行きたいけどこうなってしまった』といった類いの悩みではないと思います」

松原はさらに思いを寄せる。

「純音楽を書くときには、『人がどう思おうと自分はこう書くんだ』というのを出せる。しかし例えば『寅さん』は、何百万もの人が観ることが前提になります。その中でああいう音楽を生み出すエネルギーやプレッシャーは相当なものだと思います。直純さんはテレビやコマーシャルの音楽にしてもそういう所で勝負していました。対象は、目に見えない何百万、何千万人。だから非常に簡潔でわかりやすく、メロディーが美しい。一回聞いたらすぐ歌えるような音楽。小説で言えば菊池寛《きくちかん》ですよ。菊池寛の大衆小説が文学的に価値が低いかといえばそうではない。たまたま芥川龍之介《あくたがわりゅうのすけ》や志賀直哉《しがなおや》と同じ系列にいたかもしれませんが、まるで違う創作のエネルギーが必要だったでしょう。直純さんも同じです。でも直純さんはそれをいとも簡単に書く。いや、簡単に書いているように見える。そこが彼の凄いところです」

そのことを「小澤さんはよく見抜いていたと思う」と松原は言う。

「皆が『また直純さんはふざけて』と言うと、小澤さんは一生懸命擁護していました。『いやー。彼はすごいよ、すごいよ』と。それに小澤さん自身も、日本人にとって西洋音楽をやるというのはどういうことかを、常に意識していたと思います。深刻にというよりは、ある種の宿命としてですね。だから彼の孤独感も凄まじかったでしょうし、そういう中でとにかく指揮者として最高位に達したわけです。でも指揮そのものの資質については、『もう本当に直純さんにはかなわない』と言っていました。小澤さんにとって、直純さんはやはり師匠だったんでしょうね」

ここで起きる疑問は、直純に小澤への嫉妬や羨望が本当になかったのか。あるいは「俺も海外で成功を」という欲はなかったのかである。

ある地方都市のオーケストラの公演後、メンバーたちと飲んだとき、酩酊《めいてい》した直純が「おい、おれと小澤とどっちが才能があると思うか。おまえら、答えろ！」と絡み始めて、全員が凍りついたとの逸話も伝えられている。

岩永はこう言う。

「直純さんは、オーケストラが好きという意味においては、僕が知っている人の中で一番でした。だから小澤さんに、『おまえが帰ってきたときに、振れるオーケストラを作っておいてやる』って言ったのは本音だと思います。それにまた直純さんは基本的に、同業者のことは悪く言わない。自分に自信があったから人の足を引っ張るようなことはしませんでした。それに海外に行きたいというのもなかった。直純さんは、何も保証されてないところに飛び出していって、商業音楽など様々なことをやって稼いだ。それを全部やめてもう一度勉強しに行くなんてことは、まず有り得ない」

小尾も「直純さんの人柄は面白いですね。音楽家はよく人の悪口を言ったりするのに、直純さんは言わない。基本的には優しい心のある人でした」と述懐する。

さだまさしは、別の角度から同じことを語る。

「小澤さんへの嫉妬なんか、全然なかったと思う。いやまあ、ちょっとは悔しいなと思ったり、『あんなこと、俺もできたかもしれない』と思うことはあったかもしれないけど、それを口に出したことは一度もないし、あまり考えてなかったんじゃないかな。そもそも直純さんは、そういう感情とは無縁の人だった。要は楽しいか、楽しくないか。気に入るか、気に入らないか。もうわかりやすかった。気に入らない人には『おまえ、嫌いだ。向こう行け！』と平気で言う人だけど、好きな人にはへろへろだった。だから直純さんに好かれた人と嫌われた人とでは、１８０度評価が違うだろうなと思います。でも本当に優しい人だった。まあ音楽的に言えばわがままな人だったけれども、音楽家というのはわがままでなければ自分の音楽なんてできないから、その意味では当然のこと。それ以外ではすごくこまやかな人で、人を傷つけるようなことは絶対にしなかった」

純ノ介も同様に父親を讃《たた》える。

「親父はね、いいやつなんですよ。『るいずの直純』というあだ名がついていたぐらいずるいんですけど、でもいいやつなんです。平気で裏切ったり、嘘をついたりするので、嫌なやつだなあと皆思うんだけど、最終的には仲直りしようとして寄ってくる。人が好きなんですよね。で、『悪かったよ』と謝る。だから憎めないんですよね。小澤さんに対しては、多少は競争心もあったと思います。でも小澤さんのように、本当に好きな人、自分が信頼できる人に対しては、色んな形で尽くしたいという気持ちがありました。なので、そういったところが好かれたのかもしれません。とにかく、人を出し抜いたり、踏み台にしたりはしない。それが父親の偉いところだと思います」

直純と小澤の関係には、同業者同士特有の嫌な感情が感じられない。

「僕らが見てても、そんなものを感じたことはないですね。小澤さんもそういう面がほとんどない人ですし、まあ小澤さんの言い方を借りれば、『直純さんの方が僕より音楽的才能がはるかにある』。だからある意味尊敬していたのでしょう。小澤さんには、最初の指揮の先生という意味を含めたリスペクトがあり、友達として、先輩として、直純さんのことがすごく好きだったのだと思います」と平佐は語る。

指揮者同士の稀有の友情関係は、二人の性格に加えて、直純に対する小澤のリスペクトの上で成り立っていたに違いない。

松原千代繁は、「直純さんは日本の洋楽界の風雲児みたいな人だったと思う。とにかく才能は有り余るほどあって、作曲家でピアニストで指揮者でエンターテイナーで、本当に何でもできる人だった」と言う。

小尾旭は、「音楽が本当に好きな人でした。音楽を通じて人類を平和で楽しくするのが俺の使命だ、音楽を通じて人々を幸福にするんだと、おこがましいようなことをいつも言っていたんですよ。人類のことはいいから、自分と自分の家庭を幸せにすればいいのにと思ってたんだけど(笑)」、そして「演奏会が終わった後に一杯付き合って、話を聞いておけばよかったと、今はみんな思うけど、もう間に合わない。直純さんはもういないから」と悔やむ。

次男・祐ノ介は、「父親は、小学校5年のガキ大将。悪ガキ。好奇心が旺盛で、悪意なく人に迷惑をかける人」と言いながらも、こう話す。「目線が子供だからこそ、児童合唱のような子供がワクワクする曲が書けたんです」

長男・純ノ介は、直純の作品を「大衆音楽とは見ていない」と話す。

「もちろん『寅さん』は大衆的な映画ではあるのですが、音楽自体は結構精度が高くて高度なんです。例えばワルツが入っていたり、ラプソディーが入っていたり、調性音楽の中でもロマンティックな、いわゆるロマン派の音楽。そういうテイストの音楽をずっと作っていた。だから僕は、マーラーを振ったらいいいんじゃないかなと思ったんです」

その「寅さん」こと「男はつらいよ」では、映画のラッシュを見て、一晩で曲を書き上げるのが直純のやり方だったという。仕事を共にした山田洋次は、こう振り返る。
「画面を見た瞬間に、頭の中で音楽が始まっているんだね、きっと。ひたすら感性をキラキラ光らせて生きていた。感性を頼りにし過ぎていたのかもしれない。才能のある人は、それがいかに貴重であるかがわからないんだ」（毎日新聞夕刊 ２００３年8月27日）
岩城宏之は、直純の凄さが認識されていないことに憤った。
「葬式の時、僕が直純の凄さを弔辞で述べたら、マージャン仲間だったあるジャーナリストが『知らなかった』って。憤慨した。でも直純の全部を見ていた人はいないだろうね。共通しているのは、繊細で、照れ屋で、気のつくやつだということ」（同）
さだまさしは、「直純さんはもっと評価されるべき。あまりに評価が低すぎる。それがすごく悔しい」と話す。
「僕は、山本直純という音楽家は日本のバーンスタインだと思っています。バーンスタインの作曲能力は本当に素晴らしいですが、直純さんはそれに匹敵するほどの作曲家だと。直純さん流に音楽を噛み砕くと『オーケストラがやって来た』になるんです。『オケ来た』や『題名のない音楽会』が始まる前は、日本人って悲しいくらい、クラシック音楽に全然興味がなかった。そこで、直純さんは確実に門を開いた。

あの当時、歌手の後ろでオケが弾くなんて有り得ない風潮でしたが、今はオケと歌い手が一緒にやるのは特別なことではなくなってきた。そうしたコンサートを観ると、オケを大道具として使っている人が多いのが若干不満ではありますが、これも直純さんが道を開いてくれたことだと思っています。

あの当時のシンフォニックコンサートを聴いて育った人たちの中から、今や一流のクラシック演奏家が生まれ、ジャンルの垣根を壊していった。直純さんがいなかったら、日本の権威主義はおそらくもうちょっと違う方向に行っていたでしょう」

さらに加えてこう語る。

「面識はありませんが、僕にとって小澤征爾は神です。自分の音楽の貫き方が凄い。だから直純さんが世間に評価されなくても、小澤征爾が山本直純を認めてくれている、あの小澤が直純を大事に思ってくれているというのが、直純さんの家来としては救いであり、誇りでもあります。

もちろん直純さんも神の領域ですけど、僕にとってはちょっと違う神ですね。結構下々の話を聞いてくれて、ときどき迷惑をかける神様（笑）」

2002年9月、小澤征爾はウィーン国立歌劇場の音楽監督に就任した。

二人が世に名を知られていない若き日、直純は小澤に言った。

「オレはその底辺を広げる仕事をするから、お前はヨーロッパへ行って頂点を目指せ」

直純はクラシック音楽の底辺を広げ、小澤はヨーロッパの頂点を極めた。

## おわりに

山本直純は、私が初めて東京でオーケストラの生演奏を聴いた時の指揮者だった（これは第三章でも触れた）。

そしてまた、直純が指揮したベートーヴェンの「運命」交響曲にまつわる思い出が二つある。

一つは、筆者が東京フィルで裏方（楽器を運んだりセッティングしたりする、いわゆるボウヤ）のアルバイトをしていた80年代前半のこと。東京フィルがNHKホールで行われた「青年の主張」という番組の公開放送で演奏した時だったと思う。ともかくその日の指揮者は、直純と朝比奈隆だった。すると直純は、「運命」の第1楽章を客席に向かって指揮した。当時は、サントリーホールのようなステージ裏の席があるホールはなかったので、「皆さん、指揮者を前から見たことがないでしょう。今回はそれをお見せします」という直純ならでは（こんなことができるのは直純以外にいない）のアイディアだった。

彼は、1楽章丸ごとオーケストラに相対するのと全く同じ表情と動きで指揮をし、楽器の出の指示も忠実に行った。客席に向けたお笑いの要素などまるでない、「運命」第1楽章の100％真剣な指揮だった。聴衆が喜ぶことを全力で真摯にやる。受けを狙ってふざけたら意味がないし、音楽へのリスペクトが失われる。それが直純だった。モニターを観ていた朝比奈が「ナオズミ、ようやるわ」と、ほとんど呆れながら、ほんの少しの畏敬の念を滲ませてつぶやいたのを、今でもはっきりと覚えている。

もう一つは、「運命」全曲の演奏。日時や会場は覚えていないが、当然マニア向けではない、ポピュラーなコンサートだったと思う。この日、有名な第1楽章が終わったとき、一部の観客が拍手をした。そのとき直純は、さっと客席に向き直り、拍手が多かった一群に向けて軽く一礼した後、第2楽章に移った。楽章間で拍手をした観客はバツが悪い。いかにも曲を知らない人のように思われる。彼はそこで、お客が嫌な気分にならないよう、さりげなく配慮した。それもまた直純だった。

直純は常に聴衆の目線に立っていた。しかも音楽的なレベルを下げることなく……それは奇跡的なことだ。

そんな直純が、評価されるどころか、忘れられかけてさえいる。

86年2月13日、東京文化会館における小澤征爾指揮／ボストン交響楽団によるマーラーの交響曲第3番。それは、これまで経験した最高のコンサートだった。終始惹き付けられた末の深く熱い感銘や、各楽章の演奏シーン、「もう音楽はしばらく聴かなくていい……」と思いながら下った上野の坂の光景などを、30年以上経った今でもありありと思い出す。観客全員が同様に感じたかどうかはわからない。しかしその日、自身の心境と楽曲と演奏が最上の化学反応を起こしたことだけは確かだ。

小澤の音楽は熱い。彼の名演には他にも数多く接しているが、この一夜の「ギフト」だけでも個人的には奇跡の存在である。

小澤のその後は、報道されている通りだし、彼は多大な賞賛の中にいる。だが、文化と伝統が根本的に異なる日本人が、クラシック音楽における世界最上位のゾーンでレギュラー活動することの真の凄さが、本当に理解されているだろうか？　アメリカのトップ・オーケストラとヨーロッパ最高峰の歌劇場のポストを得た日本人指揮者は、後にも先にも彼しかいない。それもまた奇跡的なことだ。

二人の奇跡的な音楽家が同時代に存在し、友情関係を結び、共同でも功績をあげた。これも奇跡だろう。

その道程は、まるで天の配剤のようだ。

海外に飛躍する機会では何かと首尾良からず、N響定期という絶好の転換点を交通違反で逃してしまった直純、N響事件に日フィル争議と日本ではとかくトラブルに巻き込まれる小澤。国内ではスポットの当たる仕事を得て、お茶の間の人気者になり、日本人のクラシックへの認識を確実にアップさせた直純、海外では次々と良き巡り会いを得て、世界的な指揮者に昇り詰めた小澤。

直純の言葉「オレはその底辺を広げる仕事をするから、お前はヨーロッパへ行って頂点を目指せ」が、正鵠《せいこく》を得た予言のように響く。

両者に共通するのは、人間と音楽への深い愛情であろう。だがその人物像は、世間一般のイメージとは真逆と言っていい。

陽気で人懐っこい人物に見えながら、音楽なら何でもできてしまう天賦の才能をもち、それゆえの孤独感を宿した孤高の人＝直純、天賦の才能を持った孤高のマエストロに見えながら、勉強と努力を重ねて頭角を現した、人懐っこい人情家＝小澤。取材を重ねるごとに、こうした実体は深まるばかりだった。

それでもまだ、小澤のことはかなり知られている。

果たして直純は……。

亡くなった直後や没後10周年などの機会にメモリアル・コンサートが開かれたりはしている。だが彼の功績は、そうした一過性のものではない。生涯に残した作品は、4000曲以上。これも凄いが、類のないパロディ物を含めた愉しさ溢れる数々のコンサート、「オーケストラがやって来た」544回、「男はつらいよ」49作の音楽、大河ドラマや朝ドラや「ミュージックフェア」など今なお使われている曲もある幾多のテレビ番組のテーマ曲、「一年生になったら」などの愛唱歌、「田園・わが愛」などの合唱曲と日本フィルや国連が委嘱したオーケストラ曲……どれか一つだけでも一家を成せる業績だ。彼がもしセルフプロモーションが巧みな人物だったら、（そんなことは望んでもいないだろうが）日本音楽界のドンにさえなれたような気がする。

数多くはないが録音があり、映像物はＤＶＤがあり、何より作品は楽譜が残されている。

今一度その業績を見直し、直純が伝えたかったことをしかと確かめたい。

そして、さだまさしが取材の最後に言った言葉を改めて噛みしめたい。

「山本直純は天才なんだよ、ほんとに」

〈参考文献〉

『紅いタキシード』山本直純　東京書籍
『ボクの名曲案内―オーケストラがやって来た』山本直純　実日新書
『オーケストラがやって来たが帰って来た！』山本直純　実業之日本社
『ＭＡＲＣＨ　ＩＮ　ＭＡＲＣＨ』山本直純　主婦の友社
『ＣＬＡＳＳＩＣ　ＣＬＩＭＡＸ』山本直純　主婦の友社
『人生即交響楽　山本直純～ＣＤ選集～』監修：山本純ノ介／山本祐ノ介　日本音声保存

『おわらない音楽　私の履歴書』小澤征爾　日本経済新聞出版社
『ボクの音楽武者修行』小澤征爾　新潮文庫
『対談と写真　小澤征爾』小澤幹雄 編　新潮文庫
『音楽』小澤征爾・武満徹　新潮文庫
『小澤征爾さんと、音楽について話をする』小澤征爾・村上春樹　新潮文庫
『小澤征爾 指揮者を語る』小澤征爾・有働由美子　ＰＨＰ研究所
『やわらかな兄　征爾』小澤幹雄　芸術現代社
『北京の碧い空を』小澤さくら　小澤昔ばなし研究所

『小澤征爾大研究』　春秋社
『小澤征爾ＮＯＷ』　音楽之友社
『小澤征爾とウィーン』　音楽之友社

『コンサートは始まる　小澤征爾とボストン交響楽団』カール・A・ヴィーゲランド著／木村博江訳　音楽之友社
『小澤征爾　覇者の法則』中野雄　文春新書
『森のうた』岩城宏之　朝日文庫
『嬉遊曲、鳴りやまず―斎藤秀雄の生涯』中丸美繪　新潮社
『オーケストラは市民とともに　日本フィル物語』外山雄三・中村敬三・岩波ブックレット
『考える人　2014年11月号』新潮社
『あの人に会いたい　作曲家 山本直純さん』毎日新聞夕刊 2003年8月27日
『音を継ぐ 山本直純1〜6』朝日新聞夕刊 2015年4月13日〜同5月18日
『新編 日本の交響楽団　定期演奏会記録　1927〜1981』小川昂編　民音音楽資料館
『日本オペラ史 1953〜』関根礼子　水曜社
『世界のオーケストラ名鑑387』音楽之友社
『世界の指揮者名鑑866』音楽之友社
『サイトウ・キネン・フェスティバル松本　公演プログラム』
〈DVD〉
『オーケストラがやって来た』1巻〜4巻　テレビマンユニオン

〈CD〉

『人生即交響楽　山本直純ベストセレクション』　日本音声保存
『山本直純フォエヴァー～歴史的パロディコンサート～』　コロムビアミュージックエンタテインメント
『N響創立90周年シリーズ　山本直純・青少年のための管弦楽入門』　キングインターナショナル
『「日本フィル・シリーズ」再演コンサートから　山本直純：和楽器と管弦楽のためのカプリチオ　他』　日本フィルハーモニー交響楽団
『齊藤秀雄メモリアルコンサート１９８４』　フォンテック

柴田克彦 しばた・かつひこ
1957年福岡県生まれ。音楽ライター・評論家&編集者。國學院大學文学部卒。中学、高校、大学の吹奏楽部でトロンボーンを演奏し、東京フィルの裏方も経験。専門紙の編集者、クラシック音楽マネージメントの宣伝担当を経て独立し、雑誌、プログラム、宣伝媒体、CDブックレットへの寄稿、プログラム等の編集業務、講演や講座など、幅広い活動を行っている。共著に『クラシックソムリエ検定公式テキスト』などがある。

朝日新書
632

山本直純《やまもとなおずみ》と小澤征爾《おざわせいじ》

2017年9月30日第1刷発行
2024年3月20日第2刷発行

著者 柴田克彦

発行者 宇都宮健太朗
カバーデザイン アンスガー・フォルマー 田嶋佳子
印刷所 TOPPAN株式会社
発行所 朝日新聞出版
〒104-8011 東京都中央区築地5-3-2
電話 03-5541-8832（編集）
03-5540-7793（販売）

Published in Japan by Asahi Shimbun Publications Inc.
ISBN 978-4-02-273732-8
定価はカバーに表示してあります。